我是朗读者

第一辑 第九册 下

总主编 顾之川
执行总主编 万福成

汉唐书局经典诵读文库

山东城市出版传媒集团
济南出版社

图书在版编目（CIP）数据

我是朗读者. 第九册. 下 / 万福成，陈万太主编.
-- 济南：济南出版社，2019.3
ISBN 978-7-5488-3621-6

Ⅰ.①我… Ⅱ.①万… ②陈… Ⅲ.①阅读课—中学—课外读物 Ⅳ.①G634.333

中国版本图书馆CIP数据核字（2019）第040524号

出 版 人	崔　刚
丛书策划	冀瑞雪
责任编辑	冀瑞雪　殷　剑
装帧设计	李海峰

出版发行	济南出版社
地　　址	山东省济南市二环南路1号（250002）
编辑热线	0531—86131747（编辑室）
发行热线	82709072　86131747　86131729　86131728（发行部）
印　　刷	山东新华印刷厂潍坊厂
版　　次	2019年3月第1版
印　　次	2019年3月第1次印刷
成品尺寸	150 mm×230 mm　16开
印　　张	8.5
字　　数	85千
印　　数	1—10000册
定　　价	26.00元

（济南版图书，如有印装错误，请与出版社联系调换。联系电话：0531-86131736）

总序言

顾之川

"推动全民阅读,构建书香社会"日益成为我国文化发展战略的重要组成部分,对于培育和践行社会主义核心价值观,提高国民思想道德素质和科学文化素质,建设社会主义文化强国,实现中华民族伟大复兴的中国梦具有重要意义。2017年《政府工作报告》中提出"大力推动全民阅读",国务院法制办随即发布《全民阅读促进条例(征求意见稿)》,指出国家将采取措施,支持和引导促进未成年人健康成长相关作品的创作出版。全民阅读的基础在校园,构建书香社会首先就是要构建书香校园。为此,山东城市出版传媒集团·济南出版社·汉唐书局策划了这套《我是朗读者》丛书,邀请一批高水平的语文教育专家精心结撰。该丛书规模庞大,一至九年级上册以及高中分册现已出版,一至九年级下册即将出版。作为丛书总主编,我闻之则喜,乐为此序。

读书是教育的常识。读书的形式有多种,有精读,有略读;有速读,有浏览,有朗读,有默读等。其中朗读是我国教育的优良传统之一,也是语文学习的一种重要途径。汉语具有很强的韵律感和节奏感,尤其是古代优秀诗文。通过朗读,我们可以与经典对话,与大家交流,感悟语言之美,体会节奏之韵,领略声调之味,品鉴诗文之境,从而积累和丰富语言,感受其艺术魅力,提高理解能力和审美素养。朗读还有助于培养对语言的直觉思维能力,是提高写作水平和口语表达能力的好办法。人们说"功夫靠练,文章靠念"。古人云:"读书百遍,其义自见。""熟读唐诗三百首,不会吟诗也会吟。"《义务教育语文课程标准》（2011年版）指出："各学段都要重视朗读训练。""要让学生在朗读中通过品味语言，体会作者及其作品中的情感态度，学习用恰当的语气语调朗读，表现自己对作者及其作品情感态度的理解。"这些都说明朗读在语文学习中的重要性。

　　语文学习关系着一个人的终身发展，社会语文素养的提高关系着国家的软实力和文化自信。对于中小学生来说，提高语文素养的主要途径，一是靠课堂有效教学，二是靠课外大量阅读，三是靠社会生活实践。语文学习不能只靠语文课本。要学好语文，课堂有效教学只是其中的一个方面，还必须伴以课外大量阅读，最好还能参与社会生活实践。无数经验证明，凡是语文学得好的学生，都是具有良好阅读习惯，都是在课外读了大量书的。学生书读得多了，自然会有自己的思考，把自己思考的成果说出来或写出来，就是口语交际和写作。所以，读书、思考和表达都是学好语文不可缺少的重要环节。关键是要引导学生激发阅读兴趣，掌握阅读方法，养成阅读习惯，感受书香魅力，这会让他们受益终生。

　　这套《我是朗读者》丛书精选适合朗读的古今中外文学经典作品，按照不同文体、时代和国别，分年级编写。本套书共25册，其中，小学和初中分上、下册，共18册，每册按周编排，便于学生有计划有选择地朗读；高中为单卷本，共7册。这套书对提高广大中小学生的语文素养大有裨益。如果能让朗读伴随成长，成为一种习惯，一种生活方式，用文学的汁液滋润人生，相信一定能够充实自己，濡染身心，滋养情怀，修养人格，增加生命的厚度。

2018年6月27日　序于南京秦淮河畔

目录

第一周　古代诗歌（一）
1. 秋登万山寄张五 / 1
2. 渭川田家 / 2
3. 鹊踏枝 / 3
4. 村　行 / 4
5. 浪淘沙 / 5

第二周　古代诗歌（二）
6. 宿洞霄宫 / 6
7. 踏莎行 / 7
8. 鲁山山行 / 8
9. 寄黄几复 / 9
10. 青玉案 / 10

第三周　古代散文（一）
11. 又与吴质书（节选）/ 11
12. 登大雷岸与妹书（节选）/ 12
13. 哀溺文序 / 14
14. 鸣机夜课图记（节选）/ 15
15. 崇明老人记（节选）/ 17

第四周　现代诗歌（一）
16. 两个扫雪的人 / 19
17. 摇船夜歌 / 21
18. 沪杭车中 / 22
19. 铁　匠 / 23
20. 离　家 / 25

第五周　当代诗歌
21. 灵魂在故乡 / 27
22. 母　爱 / 30
23. 是的，昨天 / 31
24. 老朋友聚会 / 33
25. 鱼化石 / 35

第六周　现代散文（一）
26. 好的故事 / 37
27. 北京的茶食（节选）/ 40
28. 冬　天 / 43
29. 我的母亲（节选）/ 46
30. 书（节选）/ 49

第七周　当代散文
31. 献你一束花 / 52
32. 两只书箱（节选）/ 55
33. 春天是一点一点化开的 / 58
34. 清道夫的秩序 / 61
35. 冬日香山 / 64

第八周　外国诗歌（一）
36. 篱笆那边 / 67
37. 旧日的时光 / 69
38. 云 / 71
39. 孔夫子的箴言 / 73
40. 回旋舞 / 75

第九周　古代诗歌（三）
41. 读《山海经》十三首（其一）/ 76
42. 夏日南亭怀辛大 / 77
43. 蝶恋花 / 78
44. 水龙吟 / 79
45. 一剪梅 / 81

第十周　古代诗歌（四）
46. 马　嵬 / 82
47. 西江月 / 83
48. 鹧鸪天 / 84
49. 半死桐 / 85
50. 春　日 / 86

第十一周　古代散文（二）
51. 答苏武书（节选）/ 87
52. 北山移文（节选）/ 88
53. 日　喻（节选）/ 89
54. 西　湖（节选）/ 90
55. 陶庵梦忆自序（节选）/ 91

第十二周　现代诗歌（二）
56. 一个小农家的暮 / 92
57. 月下待杜鹃不来 / 94
58. 无　题 / 96
59. 一朵野花 / 98
60. 十二月十九夜 / 99

第十三周　现代散文（二）

61. 五四断想 / 101

62. 二丑艺术 / 103

63. 白马湖（节选）/ 105

64. 雨　前 / 108

65. 江南的冬景（节选）/ 111

第十四周　外国诗歌（二）

66. 致恰阿达耶夫（节选）/ 113

67. 在初秋的日子里 / 115

68. 迟到的散步 / 117

69. 猫与月 / 119

70. 西风颂（节选）/ 121

附录　朗读资料卡 / 123

汉唐书局

第一周　古代诗歌(一)

1. 秋登万山寄张五

〔唐〕孟浩然

北山白云里，隐者自怡悦。
相望试登高，心随雁飞灭。
愁因薄暮起，兴是清秋发。
时见归村人，沙行渡头歇。
天边树若荠，江畔洲如月。
何当载酒来，共醉重阳节。

◎ 伴我朗读

①兴：兴致。②发：激发。③沙行：在沙滩上行走。④荠（jì）：荠菜。

这首诗是怀人之作。诗人因思念友人而登高远望，望而不见友人，只见北雁南飞，村人暮归，远树若荠，沙洲如月。诗人触景生情，思念友人之意更浓，于是写诗寄意。全诗写情飘逸而真挚，写景清淡而优美，情景交融，是诗人的代表作之一。

2. 渭川田家

〔唐〕王 维

斜光照墟落，穷巷牛羊归。

野老念牧童，倚杖候荆扉。

雉雊麦苗秀，蚕眠桑叶稀。

田夫荷锄至，相见语依依。

即此羡闲逸，怅然吟《式微》。

伴我朗读

①墟落：村落。②荆扉：柴门。③雉雊（gòu）：野鸡鸣叫。④《式微》：《诗经·邶风》中的诗篇，诗中反复咏叹："式微，式微，胡不归？"诗人借以抒发自己急欲归隐田园的心情。

这首诗前八句以白描手法，为我们描绘出一幅温馨优美、清新自然的田家晚归图；末尾二句点明主旨，表达了诗人混迹官场的孤单、苦闷和渴望归隐的急切心情。

3. 鹊踏枝

〔南唐〕冯延巳

谁道闲情抛掷久，每到春来，惆怅还依旧。日日花前常病酒，敢辞镜里朱颜瘦。

河畔青芜堤上柳，为问新愁，何事年年有？独立小桥风满袖，平林新月人归后。

◎ 伴我朗读

①闲情：闲愁。②病酒：饮酒过量引起身体不适。③青芜：青草。④平林：平原上的树林。

此词写春日闲愁，通过春日景象和主人公孤独形象的对比，传达出主人公缠绵的感情和执着的向往。全词所写的乃是心中一种常存的惆怅，意蕴深远，耐人寻味。

4. 村　行

〔宋〕王禹偁

马穿山径菊初黄，信马悠悠野兴长。
万壑有声含晚籁，数峰无语立斜阳。
棠梨叶落胭脂色，荞麦花开白雪香。
何事吟余忽惆怅，村桥原树似吾乡。

伴我朗读

①信马：骑着马随意行走。②野兴：指陶醉于山林美景，怡然自得的乐趣。③晚籁：傍晚时分的各种声响。④原树：原野上的树。

《村行》是北宋诗人王禹偁创作的一首七言律诗，是诗人即景抒情诗中的代表作。这首诗以村行为线索，以多彩之笔逼真地描绘了山野迷人的景色，以含蓄的诗语真切地抒发了诗人的思乡之情。

5. 浪淘沙

〔宋〕欧阳修

把酒祝东风,且共从容。垂杨紫陌洛城东。总是当时携手处,游遍芳丛。

聚散苦匆匆,此恨无穷。今年花胜去年红。可惜明年花更好,知与谁同?

◎ 伴我朗读

①从容:留恋,不舍。②紫陌:此指洛阳的道路。洛阳曾是东周、东汉的都城,据说当时曾用紫色土铺路,故名。

此词是怀旧之作,词中伤时惜别,抒发了人生聚散无常的感叹。上片由现境而忆已过之境,即由眼前美景而思去年同游之乐;下片再由现境而思未来之境,含遗憾之情于其中,尤表现出对友谊的珍惜。全词笔致疏放,婉丽隽永,感情真挚,耐人寻味。

第二周 古代诗歌(二)

6. 宿洞霄宫

〔宋〕林 逋

秋山不可尽,秋思亦无垠。
碧涧流红叶,青林点白云。
凉阴一鸟下,落日乱蝉分。
此夜芭蕉雨,何人枕上闻?

◎ 伴我朗读

①洞霄宫:在今浙江杭州的大涤山中。②此夜芭蕉雨,何人枕上闻:写诗人还未就寝,却已开始神往枕上听雨的美妙情韵。

这首诗语言凝练,章法细密,意境清幽优美。首联是对洞霄宫周围环境和自己心情的整体概括;颔联写秋景,色彩鲜明绚丽;颈联在景物描写中交代时间;尾联点题,写对留宿洞霄宫的神往,故意设问,给读者留下想象的空间。

7. 踏莎行

〔宋〕欧阳修

　　候馆梅残，溪桥柳细，草薰风暖摇征辔。离愁渐远渐无穷，迢迢不断如春水。

　　寸寸柔肠，盈盈粉泪，楼高莫近危栏倚。平芜尽处是春山，行人更在春山外。

◎ 伴我朗读

　　①候馆：接待宾客的馆舍。②草薰：小草散发的清香。③征辔：行人坐骑的缰绳。④平芜：平坦地向前延伸的草地。芜，草地。

　　此词主要抒写早春行旅之人的离愁。上片写行人的所见所感，以时空的转换，写行人漂泊无定，从而展示了其剪不断的离愁。下片写行人想象居者对他的怀念。春山本无内外之别，词人将其界定，写出居者念远的迷茫心境，颇令人玩味。全词笔调细腻委婉，寓情于景，含蓄深沉，是为人所称道的名篇。

8. 鲁山山行

〔宋〕梅尧臣

适与野情惬,千山高复低。
好峰随处改,幽径独行迷。
霜落熊升树,林空鹿饮溪。
人家在何许,云外一声鸡。

◎ 伴我朗读

①野情:爱好山野的情趣。②惬:快意,满足。③何许:何处。

本诗描写山野宁静、优美的景色,表达了诗人对大自然的喜爱和对恬淡生活的憧憬。当中两联写景尤为出色,是传诵颇广的名句。

9. 寄黄几复

〔宋〕黄庭坚

我居北海君南海,寄雁传书谢不能。
桃李春风一杯酒,江湖夜雨十年灯。
持家但有四立壁,治病不蕲三折肱。
想得读书头已白,隔溪猿哭瘴溪藤。

◎ 伴我朗读

①黄几复:黄庭坚少年时的好友。②持家但有四立壁,治病不蕲(qí)三折肱(gōng):称赞黄几复为官清贫,又善于处理政事。蕲,祈求。三折肱,多次折断胳膊。古代有"三折肱而为良医"的说法,诗人这里说友人不必三折肱就可成为良医,是以治病比喻友人的理政能力,意为不必过多积累经验教训就可以处理好政事。③瘴溪:有瘴气的溪流。旧传岭南边远之地多瘴气。

此诗称赞黄几复廉正、干练、好学,而对其垂老沉沦、怀才不遇的处境深表惋惜和愤慨。全诗情真意厚,感人至深。在立意、造句、用字、运典等方面,这首诗很能体现黄庭坚诗歌的特色,可视为其代表作。

10. 青玉案

〔宋〕贺　铸

凌波不过横塘路，但目送、芳尘去。锦瑟华年谁与度？月桥花院，琐窗朱户，只有春知处。

碧云冉冉蘅皋暮，彩笔新题断肠句。试问闲愁都几许？一川烟草，满城风絮，梅子黄时雨。

◎ 伴我朗读

①凌波：形容女子步态轻盈。②琐窗：雕绘连琐花纹的窗子。③朱户：朱红的大门。④蘅皋：长着香草的沼泽中的高地。⑤彩笔：比喻辞藻富丽的文笔。⑥断肠句：伤感的诗句。⑦一川：遍地，一片。

此词通过对暮春景色的描写，抒发词人的"闲愁"。上片写路遇佳人而不知其所往的怅惘，也含蓄地流露出沉沦下僚、怀才不遇的感慨；下片写因思慕佳人而引起的无限愁思，表现了幽居寂寞、积郁难抒之情绪。全词虚写相思之情，实抒郁郁不得志的"闲愁"，立意新奇，想象丰富，历来广为传诵。

第三周 古代散文（一）

11. 又与吴质书（节选）

〔三国魏〕曹 丕

昔年疾疫，亲故多离其灾，徐、陈、应、刘，一时俱逝，痛可言邪！昔日游处，行则连舆，止则接席；何曾须臾相失。每至觞酌流行，丝竹并奏，酒酣耳热，仰而赋诗。当此之时，忽然不自知乐也。谓百年已分（fèn），可长共相保；何图数年之间，零落略尽，言之伤心！顷撰其遗文，都为一集。观其姓名，已为鬼录。追思昔游，犹在心目，而此诸子，化为粪壤，可复道哉！

◎ 伴我朗读

①疾疫：指建安二十二年（217年）发生的瘟疫。②离：通"罹"，遭遇。③徐、陈、应、刘：徐干、陈琳、应玚、刘桢。四人皆名列"建安七子"，与曹丕交好。④舆：车。⑤谓百年已分：以为长命百岁是自己的当然之事。分，本应有的。⑥顷：近来。⑦都：汇集。

在写给好友吴质的书信中，作者回忆与建安诸子流连诗酒的快乐时光，流露出怀念之情和对岁月的迁逝之悲。语言平易晓畅，情感真切感人。

12. 登大雷岸与妹书（节选）

〔南朝宋〕鲍　照

南则积山万状，负气争高，含霞饮景，参差代雄，凌跨长陇，前后相属（zhǔ），带天有匝，横地无穷。东则砥原远隰（xí），亡端靡际。寒蓬夕卷，古树云平。旋风四起，思鸟群归。静听无闻，极视不见。北则陂（bēi）池潜演，湖脉通连。苎（zhù）蒿攸积，菰（gū）芦所繁。栖波之鸟，水化之虫，智吞愚，强捕小，号噪惊聒（guō），纷乎其中。西则回江永指，长波天合。滔滔何穷，漫漫安竭！创古迄今，舳舻相接。思尽波涛，悲满潭壑。烟归八表，终为野尘。而是注集，长写（xiè）不测，修灵浩荡，知其何故哉！

西南望庐山，又特惊异。基压江潮，峰与辰汉相接。上常积云霞，雕锦缛。若华夕曜（yào），岩泽气通，传明散彩，赫似绛天。左右青霭（ǎi），表里紫霄。从岭而上，气尽金光，半山以下，纯为黛色。信可以神居帝郊，镇控湘、汉者也。

古代散文（一）

◎ 伴我朗读

①景：日光。②陇：山丘。③匝：圈，周。④隰：低湿的地方。⑤亡端靡际：无边无际。亡、靡，无。⑥陂池：这里指湖泊。⑦苎蒿攸积：苎蒿所聚积的地方。苎、蒿，草名。攸，所。⑧回江永指：迂回曲折的长江流向远方。永，长。⑨而是注集，长写不测：而这江水流注汇集，永远奔泻，不可测知。是，指江水。写，同"泻"。⑩修灵：河神，这里代指江河。⑪基：山脚。⑫辰汉：指天空。辰，星辰。汉，天河。⑬若华：神话中的若木之花，代指云霞。⑭青霭：指云气。

这是鲍照写给其妹的一封书信。节选部分描绘作者登上大雷岸眺望时所见的自然景色。作者以铺陈排比的手法，将所见景色的奇崛壮阔表现得淋漓尽致，使读者有身临其境之感。

13. 哀溺文序

〔唐〕柳宗元

永之氓（méng）咸善游。一日，水暴甚，有五六氓，乘小船绝湘水。中济，船破，皆游。其一氓尽力而不能寻常。其侣曰："汝善游最也，今何后为？"曰："吾腰千钱，重，是以后。"曰："何不去之！"不应，摇其首。有顷，益怠。已济者立岸上，呼且号曰："汝愚之甚！蔽之甚！身且死，何以货为？"又摇其首。遂溺死。吾哀之。且若是，得不有大货之溺大氓者乎？于是作《哀溺》。

◎ 伴我朗读

①永：唐代地名，今湖南永州。②氓：百姓。③寻常：古代计量单位，八尺为寻，十六尺为常，这里指很短的距离。

这则寓言讽刺了那些过分贪图钱财，甚至为了钱财而抛弃生命的人。

14. 鸣机夜课图记（节选）

〔清〕蒋士铨

　　吾母姓钟氏，名令嘉，字守箴，出南昌名族，行（háng）九。幼与诸兄从先外祖滋生公读书，十八，归先府君。时府君年四十余，任侠好客，乐施与，散数千金，囊箧（qiè）萧然，宾从辄满座，吾母脱簪珥治酒浆，盘罍（léi）间未尝有俭色。越二载，生铨，家益落，历困苦穷乏人所不能堪者，吾母怡然无愁蹙（cù）状，戚党人争贤之……

　　铨九龄，母授以《礼记》《周易》《毛诗》，皆成诵。暇更录唐宋人诗，教之为吟哦声。母与铨皆弱而多病，铨每病，母即抱铨行一室中，未尝寝；少痊，辄指壁间诗歌，教儿低吟之以为戏……

　　先府君苟有过，母必正色婉言规。或怒不听，则屏息，俟怒少解，复力争之，听而后止……先府君在客邸，督铨学甚急，稍怠，即怒而弃之，数日不及一言。吾母垂涕朴（pū）之，令跪读至熟乃已，未尝倦也。铨故不能荒于嬉，而母教由是益以严。

◎ 伴我朗读

①归:古代女子出嫁。②先府君:指作者已去世的父亲。③囊箧萧然:形容钱物都用空了。④愁蹙状:愁眉苦脸的样子。⑤戚党:亲戚和乡邻。⑥吟哦声:读诗的声调。⑦少痊:病体略微好转些。⑧朴之:责打我。朴,通"扑",击打。

家庭环境和父母的教育对孩子的成长影响极大。选文中母亲不畏贫穷、教子读书、劝夫改过等行为值得称赞,也为作者培养慷慨、好学、正直的品格树立了榜样。

15. 崇明老人记（节选）

〔清〕陆陇其

吾家某于九月廿（niàn）六日，在洙泾周我园家，与云间佳士王庆孙同席。庆孙述曾至崇明县中，见有吴姓老人者，年已九十九岁，其妇亦九十七岁矣。老人生四子，壮年家贫，鬻（yù）子以自给，四子尽为富家奴。及四子长，咸能自立，各自赎身娶妇，遂同居而共养父母焉。卜居于县治之西，列肆共五间：伯开花米店，仲开布庄，叔开腌腊，季开南北杂货，四铺并列，其中一间为出入之所。

四子奉养父母，曲尽孝道。始拟膳每月一轮家，周而复始，其媳曰："翁姑老矣，若一月一轮，则必历三月后，方得侍奉颜色，太疏。"复拟每日一家，周而复始，媳又曰："翁姑老矣，若一日一轮，则历三日后，方得侍奉颜色，亦疏。"乃以一餐为率（lǜ），如蚤（zǎo）餐伯，则午餐仲，晚餐叔，则明日蚤餐季，周而复始。若逢五及十，则四子共设于中堂，父母南向坐，东则四子及诸孙辈，西则四媳及诸孙媳辈，分昭穆坐定，以次称觞献寿，率（shuài）以为常。

老人饮食之所，后置一橱，橱中每家各置钱一串，每串五十文。老人每食毕，反手于橱中随意取钱一串，即往市中嬉，买果饼啖（dàn）之。橱中钱缺，则其子潜补之，不令老人知也。老人间往知交游，或博弈，或樗（chū）蒲。四子知其所往，随遣人密持钱二三百文，安置所游家，并嘱其家佯输钱于老人。老人胜，辄踊跃持钱归。老人亦不知也，亦率以为常。盖数十年无异云。

◎ **伴我朗读**

①鬻：卖。②卜居：选择地方居住。③列肆：开设商铺。④率：指频次。⑤蚤餐：早餐。蚤，同"早"。⑥昭穆：按照长幼、上下等次序左右排列。⑦称觞：举杯。⑧率：大致，一般。⑨樗蒲：古代一种游戏。

该篇题为"崇明老人记"，其实文章旨在褒扬老人的四个儿子。四个儿子都出身奴仆，一番奋斗自立后，也不是大富大贵，对父母却尽责尽孝，使父母老有所养、老有所乐。

第四周 现代诗歌(一)

16. 两个扫雪的人

周作人

阴沉沉的天气,

香粉一般的白雪,下得漫天遍地。

天安门外,白茫茫的马路上,

全没有车马踪迹,

只有两个人在那里扫雪。

一面尽扫,一面尽下:

扫净了东边,又下满了西边,

扫开了高地,又填平了坳地。

粗麻布的外套上,已经积了一层雪,

他们两人还只是扫个不歇。

雪愈下愈大了,

上下左右,都是滚滚的香粉一般的白雪。

在这中间,好像白浪中漂着两个蚂蚁,

他们两人还只是扫个不歇。

祝福你,扫雪的人!

我从清早起,在雪地里行走,

不得不谢谢你!

◎ 伴我朗读

　　诗歌开头写雪势之急;继而写扫雪人的境遇,"一面尽扫,一面尽下";再述扫雪人的艰辛,"好像白浪中漂着两个蚂蚁"。通篇白描,却见大师深刻入骨的人文主义情怀。

17. 摇船夜歌

陈梦家

今夜风静不掀起微波，
小星点亮我的桅杆，
我要撑进银流的天河，
新月张开一片风帆；

让我合上了我的眼睛，
听，我摇起两支轻桨——
那水声，分明是我的心，
在黑暗里轻轻地响；

吩咐你：天亮飞的乌鸦，
别打我的船头掠过；
蓝的星，腾起了又落下，
等我唱摇船的夜歌。

◎ 伴我朗读

　　这首诗通过丰富的想象和比喻、象征、拟人等手法，渲染出深远的艺术境界；形式上四句一节，句式长短相杂，韵脚相协，富有节奏感，读来轻松上口，韵味悠长。

18. 沪杭车中

徐志摩

匆匆匆！催催催！
一卷烟，一片山，几点云影，
一道水，一条桥，一支橹声，
一林松，一丛竹，红叶纷纷；

艳色的田野，艳色的秋景，
梦境似的分明，模糊，消隐——
催催催！是车轮还是光阴？
催老了秋容，催老了人生！

◎ 伴我朗读

  这首诗通过描写诗人在上海至杭州的列车上看到的窗外秋景，抒发了诗人的人生感慨。第一节中，诗人连用九个新颖、美丽的意象，勾勒出一幅江南秋色图。第二节中，诗人直抒胸臆，发出了"催老了秋容，催老了人生"的感叹。全诗情景交融，意象和谐，创造出优美的境界。

19. 铁　匠

刘半农

叮当！叮当！
清脆的打铁声，
激动夜间沉默的空气。
小门里时时闪出红光，
愈显得外间黑漆漆的。

我从门前经过，
看见门里的铁匠。
叮当！叮当！
他锤子一下一上。
砧上的铁，
闪作血也似的光。
照见他额上淋淋的汗，
和他的裸着的，宽阔的胸膛。

我走得远了,还隐隐地听见,

叮当,叮当!

朋友!

你该留心着这声音,

它永远地在沉沉的自然界中激荡。

你回头过去,还可以看见几点火花,

飞射在漆黑的地上。

◎ 伴我朗读

　　《铁匠》写于1919年,当时正值封建文人和资产阶级贵族纷纷反对以劳动人民生活入诗的时候。诗中的劳动者再现了"五四"时期神圣劳工的形象,表现出诗人的进步思想。

20. 离　家

潘漠华

我的衫袖破了，
我母亲坐着替我补缀。
伊针针引着纱线，
却将伊的悲苦也缝了进去。

我的头发太散乱了，
姊姊说这样出外去不大好看，
也要惹人家的讨厌；
伊拿了头梳来替我梳理，
后来却也将伊的悲苦梳了进去。

我们离家上了旅路，
走到夕阳傍山红的时候，
哥哥说我走得太迟迟了，
将要走不尽预定的行程；

他伸手牵着我走。

但他的悲苦，

又从他微微颤跳的手掌心传给我了。

现在，就是碧草红云的现在呵！

离家已有六百多里路。

母亲的悲苦，从衣缝里出来；

姊姊的悲苦，从头发里出来；

哥哥的悲苦，从手掌心里出来；

他们结成一个缜密的悲苦的网，

将我整个网着在那儿了！

◎ 伴我朗读

《离家》是一首写实成分很重的叙事抒情诗，而不是靠自由想象的故装悲苦之作。诗人对离家和思家的情景，自始至终保持白描的叙述，所写的都是很真实、很普遍的生活细节。配合着细节的叙述，诗人又真实、细腻地写出心灵的震颤和体验。他从母亲、姊姊、哥哥的动作里，深深感受到亲人关爱的挚情，真切地感觉着亲人为他送别的悲苦。

第五周 当代诗歌

21. 灵魂在故乡

迟 云

星空迷乱

天河苍茫

深秋的夜晚凝露成霜

在一声两声蟋蟀的叫声里

我听到了故乡的树木在四百公里之外

落叶的声音

月亮的冷光照着我的独行

也让长长的影子跟着我

在这孤寂之地

长长的影子就是我的姊妹兄弟

此刻

柿子树石榴树的叶子都脱落了

地上沉淀了一层卷曲褪色的日光

树上的果子并没有摘光

两只柿子像灯笼

三只石榴像铃铛

它们挂在故乡的树梢

有些招摇

有些骄傲

仿佛是乡土最鲜明的印章

而我

多像一朵蒲公英

被一阵廉价的风贩卖到城里

虽然找不到自己的二维码

却被真实地注册了商标

突然想到

父亲的坟墓要添几锹黄土

孱弱的母亲要再披件加厚的衣裳

行走在深秋的夜里

身子在城里

灵魂在故乡

◎ 伴我朗读

  星空、天河、霜露、蟋蟀的叫声、月亮的冷光、孤单的身影,诗人开篇即以几个典型的意象,营造出清冷孤寂的气氛。深秋的夜晚,乡愁汹涌而至,难以排遣,诗人竟仿佛听到故乡树木落叶的声音,看到故乡树上挂着的果实,甚至开始羡慕那些长留故土的树木,叹息自己身不由己而漂泊异乡。其思乡之深切可见一斑。最后,诗人的思绪由故乡之物转到故乡之人,想起已故的父亲和年迈的母亲,思乡之情更是达到顶点。"身子在城里,灵魂在故乡",恐怕也只有这句话能表达诗人当时的心境吧!

22. 母 爱

傅天琳

我是你的黑皮肤的妈妈
白皮肤的妈妈
黄皮肤的妈妈

我的爱黑得像炭
白得像雪
黄得像泥土
我的爱没有边界
没有边界,我对你的爱

你是白雪覆盖的种子
你是黄土长出的树
你是煤炭燃亮的火
你是生命,你是力量,你是希望,你是我
孩子啊,你是我的孩子

◎ 伴我朗读

　　诗人用质朴的比喻,将伟大的母爱贯注于字里行间,使作品发出灿烂的光辉。

23. 是的，昨天

北 岛

用手臂遮住了半边脸，
也遮住了树林的慌乱。
你慢慢地闭上眼睛：
是的，昨天……

用浆果涂抹着晚霞，
也涂抹着自己的羞惭。
你点点头，嫣然一笑：
是的，昨天……

在黑暗中划亮火柴，
举在我们的心之间。
你咬着苍白的嘴唇：
是的，昨天……

纸叠的小船放进溪流里，

装载着最初的誓言。

你坚决地转过身去：

是的，昨天……

伴我朗读

这是北岛的一首朦胧诗，诗人只用"你慢慢地闭上眼睛""你点点头，嫣然一笑""你咬着苍白的嘴唇""你坚决地转过身去"这四个细节，概括了昨天的整个故事。诗的语言在意的连续性上出现了大面积的断裂，但这并不妨碍诗意的传达，而是把诗意的断层留给读者去修补。

24. 老朋友聚会

梁 南

我们像两棵交谈的矮树，脆薄的树皮

在风雨身上磨蹭磨蹭……磨蹭到

像百科全书那样厚厚一层

这时，我们看见世界老了

连光润的卵石亦已穿着重复的苔衣

连老屋的石阶亦已被檐溜洞穿到底

而我们荫蔽过的榆树也被人伐倒

做成接纳各种季节的大门

摆上茶几，闲静地，我们坐在

故人栽种的荫荫一片女贞树下

彼此补充一些偶然遗漏的往事

纠正一些读记忆时显然的失真

谈过失，谈遗憾，谈得熟悉的人在嘴皮上成堆

无可谈时，就默默品尝对方的白发

如喝白菊花茶品茗

我知道他年轻时放过暗箭

我身上这支，未必不是他的作品

现在好了，无怨无恨

通晓人情，但却染上一身怀旧病

时而把昨天打扮得非常之时髦

时而把今天，又用叹息贬低……

◎ 伴我朗读

　　作者借朋友聚会之事来阐释人生的情怀。或许是人生经历的曲折，抑或是老年人本身的特点，这首诗始终回荡着一种淡淡的忧伤。然而，在诗人看来，岁月的老去，时光的流逝，也不全是悲凉与无奈。时间可以消除怨恨，可以净化一切。

25. 鱼化石

艾 青

动作多么活泼,
精力多么旺盛,
在浪花里跳跃,
在大海里浮沉;

不幸遇到火山爆发,
也可能是地震,
你失去了自由,
被埋进了灰尘;

过了多少亿年,
地质勘查队员,
在岩层里发现你,
依然栩栩如生。

但你是沉默的,
连叹息也没有,

鳞和鳍都完整,
却不能动弹;

你绝对地静止,
对外界毫无反应,
看不见天和水,
听不见浪花的声音。

凝视着一片化石,
傻瓜也得到教训:
离开了运动,
就没有生命。

活着就要斗争,
在斗争中前进,
当死亡没有来临,
把能量发挥干净。

◎ 伴我朗读

　　这是一首明白易懂的哲理诗。"鱼化石"这一意象既是对诗人以及同代人历经磨难的命运的概括,又是对历史与生命的沉思。全诗结构严谨,明白晓畅,有一种朴素、平实之美。

第六周　现代散文(一)

26. 好的故事

鲁　迅

灯火渐渐地缩小了,在预告石油的已经不多;石油又不是老牌,早熏得灯罩很昏暗。鞭爆的繁响在四近,烟草的烟雾在身边:是昏沉的夜。

我闭了眼睛,向后一仰,靠在椅背上;捏着《初学记》的手搁在膝髁(kē)上。

我在蒙眬中,看见一个好的故事。

这故事很美丽,幽雅,有趣。许多美的人和美的事,错综起来像一天云锦,而且万颗奔星似的飞动着,同时又展开去,以至于无穷。

我仿佛记得坐小船经过山阴道,两岸边的乌桕、新禾、野花、鸡、狗、丛树和枯树、茅屋、塔、伽(qié)蓝、农夫和村妇、村女、晒着的衣裳、和尚、蓑笠、天、云、竹……都倒影在澄碧的小河中,随着每一打桨,各各夹带了闪烁的日光,并水里的萍藻游鱼,一同荡漾。诸影诸物,无不解散,而且摇动,扩大,互相融合;刚一融合,却又退缩,复近于原形。边缘都参差如夏云头,镶着日光,发出水银色焰。凡是我所经过的河,都是如此。

现在我所见的故事也如此。水中的青天的底子,一切事物统在上面交错,织成一篇,永是生动,永是展开,我看不见这一篇的结束。

河边枯柳树下的几株瘦削的一丈红,该是村女种的吧。大红花和斑红花,都在水里面浮动,忽而碎散,拉长了,如缕缕的胭脂水,然而没有晕(yùn)。茅屋、狗、塔、村女、云……也都浮动着。大红花一朵朵全被拉长了,这时是泼剌(là)奔进的红锦带。带织入狗中,狗织入白云中,白云织入村女中……在一瞬间,他们又将退缩了。但斑红花影也已碎散,伸长,就要织进塔、村女、狗、茅屋、云里去。

现在我所见的故事清楚起来了,美丽,幽雅,有趣,而且分明。青天上面,有无数美的人和美的事,我一一看见,一一知道。

我就要凝视他们……

我正要凝视他们时,骤然一惊,睁开眼,云锦也已皱蹙,凌乱,仿佛有谁掷一块大石下河水中,水波陡然起立,将整篇的影子撕成片片了。我无意识地赶忙捏住几乎坠地的《初学记》,眼前还剩着几点虹霓色的碎影。

我真爱这一篇好的故事,趁碎影还在,我要追回它,完成它,留下它。我抛了书,欠身伸手去取笔——何尝有一丝碎影,只见昏暗的灯光,我不在小船里了。

但我总记得见过这一篇好的故事,在昏沉的夜……

◎ 伴我朗读

鲁迅先生有不少作品写到梦境,但其中大多数都是描写噩梦,而本文所写的梦境则带有明亮的暖色和淡淡的温馨,表现了他对人生的深沉思考和对未来的美好憧憬。而且,本文文字精美,联想新颖,构思独特,在鲁迅先生的作品中别具一格。

27. 北京的茶食（节选）

周作人

在东安市场的旧书摊上买到一本日本文章家五十岚力的《我的书翰》，中间说起东京的茶食店的点心都不好吃了，只有几家如上野山下的空也，还做得好点心，吃起来馅和糖及果实浑然融合，在舌头上分不出各自的味来。想起德川时代江户的二百五十年的繁华，当然有这一种享乐的流风余韵留传到今日，虽然比起京都来自然有点不及。北京建都已有五百余年之久，论理于衣食住方面应有多少精微的造就，但实际似乎并不如此，即以茶食而论，就不曾知道什么特殊的有滋味的东西。固然我们对于北京情形不甚熟悉，只是随撞进一家饽饽铺里去买一点来吃，但是就撞过的经验来说，总没有很好吃的点心买到过。难道北京竟是没有好的茶食，还是有而我们不知道呢？这也未必全是为贪口腹之欲，总觉得住在古老的京城里，吃不到包含历史的精炼的或颓废的点心，是一个很大的缺陷。北京的朋友们，能够告诉我两三家做得上好点心的饽饽铺么？

我对于二十世纪的中国货色，有点不大喜欢，粗恶的模仿品，美其名曰国货，要卖得比外国货更贵些。新房子里卖的东西，便不免都有点怀疑，虽然这样说好像遗老的口吻，但总之关于风流享乐的事我是颇迷信传统的。我在西四牌楼以南走过，望着异馥斋的丈许高的独木招牌，不禁神往，因为这不但表示他是义和团以前的老店，那模糊阴暗的字迹又引起我一种焚香静坐的安闲而丰腴的生活的幻想。我不曾焚过什么香，却对于这件事很有趣味，然而终于不敢进香店去，因为怕他们在香盒上已放着花露水与日光皂了。我们于日用必需的东西以外，必须还有一点无用的游戏与享乐，生活才觉得有意思。我们看夕阳，看秋河，看花，听雨，闻香，喝不求解渴的酒，吃不求饱的点心，都是生活上必要的——虽然是无用的装点，而且是愈精炼愈好。可怜现在的中国生活，却是极端的干燥粗鄙，别的不说，我在北京彷徨了十年，终未曾吃到好点心。

◎ 伴我朗读

　　本文题目叫"北京的茶食",但并没有写到什么像样的"北京的茶食"。其实,作者写作的直接目的并非在此:"这也未必全是为贪口腹之欲,总觉得住在古老的京城里,吃不到包含历史的精炼的或颓废的点心,是一个很大的缺陷。"在他看来,人的生活态度应该是:"我们于日用必需的东西以外,必须还有一点无用的游戏与享乐,生活才觉得有意思。"

　　生活趣味往往反映文化精神。作者谈点心时,特别点出"历史的""精炼的""颓废的"三个修饰语,关照了历史文化、艺术审美、内心情感。他从点心的粗糙,看出文化的粗糙,从而鄙薄文化上的功利主义,追求精致的生活趣味,渲染一种安闲且丰腴的生活情调。

28. 冬 天

朱自清

说起冬天，忽然想到豆腐。是一"小洋锅"（铝锅）白煮豆腐，热腾腾的。水滚着，像好些鱼眼睛，一小块一小块豆腐养在里面，嫩而滑，仿佛反穿的白狐大衣。锅在"洋炉子"（煤油不打气炉）上，和炉子都熏得乌黑乌黑，越显出豆腐的白。这是晚上，屋子老了，虽点着"洋灯"，也还是阴暗。围着桌子坐的是父亲跟我们哥儿三个。"洋炉子"太高了，父亲得常常站起来，微微地仰着脸，觑（qū）着眼睛，从氤氲的热气里伸进筷子，夹起豆腐，一一地放在我们的酱油碟里。我们有时也自己动手，但炉子实在太高了，总还是坐享其成的多。这并不是吃饭，只是玩儿。父亲说晚上冷，吃了大家暖和些。我们都喜欢这种白水豆腐；一上桌就眼巴巴望着那锅，等着那热气，等着热气里从父亲筷子上掉下来的豆腐。

又是冬天，记得是阴历十一月十六晚上，跟S君P君在西湖里坐小划子。S君刚到杭州教书，事先来信说："我们要游西湖，不管它是冬天。"那晚月色真好，现在想起来还像照在身上。本来前一晚是"月当头"；也许十一月的月亮真有些特别吧。那时九点多了，湖上似乎只有我们一只划子。有点风，月光照着软软的水波；当间那一溜儿反光，像新砑（yà）的银子。湖上的山只剩了淡淡的影子。山下偶尔有一两星灯火。S君口占两句诗道："数星灯火认渔村，淡墨轻描远黛痕。"我们都不大说话，只有均匀的桨声。我渐渐地快睡着了。P君"喂"了一下，才抬起眼皮，看见他在微笑。船夫问要不要上净寺去，是阿弥陀佛生日，那边蛮热闹的。到了寺里，殿上灯烛辉煌，满是佛婆念佛的声音，好像醒了一场梦。这已是十多年前的事了，S君还常常通着信，P君听说转变了好几次，前年是在一个特税局里收特税了，以后便没有消息。

在台（tāi）州过了一个冬天，一家四口子。台州是个山城，可以说在一个大谷里。只有一条二里长的大街。别的路上白天简直不大见人；晚上一片漆黑。偶尔人家窗户里透出一点灯光，还有走路的拿着的火把，但那是少极了。我们住在山脚下。有的是山上松林里的风声，跟天上一只两只的鸟影。夏末到那里，春初便走，却好像老在过着冬天似的；可是即便真冬天也并不冷。我们住在楼上，书房临着大路；路上有人说话，可以清清楚楚地听见。但因为走路的人太少了，间或有点说话的声音，听起来还只当远风送来的，想不到就在窗外。我们是外路人，除上学校去之外，常只在家里坐着。妻也惯了那寂寞，只和我们爷儿们守着。外边虽老是冬天，家里却老是春天。有一回我上街去，回来的时候，楼下厨房的大方窗开着，并排地挨着她们母子三个；三张脸都带着天真微笑地向着我。似乎台州空空的，只有我们四人；天地空空的，也只有我们四人。那时是民国十年，妻刚从家里出来，满自在。现在她死了快四年了，我却还老记着她那微笑的影子。

无论怎么冷，大风大雪，想到这些，我心上总是温暖的。

◎ 伴我朗读

《冬天》是朱自清创作的一篇散文。在这篇散文中，作者描写了三个冬天的场景：父亲为孩子夹豆腐；冬夜与朋友泛舟西湖；一家人在台州过冬。都是白描式的简单勾勒，寥寥几笔，意味全出，犹如三幅淡淡的水墨画，没有浓墨重彩，却散发着淡淡清香，沁人心脾。

朴素洁净的文字，暖人心灵的细节，略带些忧伤的情怀——这篇短短的散文凭借着这些优点让读者感动。

29. 我的母亲（节选）

老 舍

　　为我们的衣食，母亲要给人家洗衣服，缝补或裁缝衣裳。在我的记忆中，她的手终年是鲜红微肿的。白天，她洗衣服，洗一两大绿瓦盆。她做事永远丝毫也不敷衍，就是屠户们送来的黑如铁的布袜，她也给洗得雪白。晚间，她与三姐抱着一盏油灯，还要缝补衣服，一直到半夜。她终年没有休息，可是在忙碌中她还把院子屋中收拾得清清爽爽。桌椅都是旧的，柜门的铜活久已残缺不全，可是她的手老使破桌面上没有尘土，残破的铜活发着光。院中，父亲遗留下的几盆石榴与夹竹桃，永远会得到应有的浇灌与爱护，年年夏天开许多花。

　　哥哥似乎没有同我玩耍过。有时候，他去读书；有时候，他去学徒；有时候，他也去卖花生或樱桃之类的小东西。母亲含着泪把他送走，不到两天，又含着泪接他回来。我不明白这都是什么事，而只觉得与他很生疏。与母亲相依为命的是我与三姐。因此，她们做事，我老在后面跟着。她们浇花，我也张罗着取水；她们扫地，我就撮土……从这里，我学得了爱花，爱清洁，守秩序。这些习惯至今还被我保存着。

有客人来，无论手中怎么窘，母亲也要设法弄一点东西去款待。舅父与表哥们往往是自己掏钱买酒肉食，这使她脸上羞得绯红，可是殷勤地给他们温酒作面，又给她一些喜悦。遇上亲友家中有喜丧事，母亲必把大褂洗得干干净净，亲自去贺吊——份礼也许只是两吊小钱。到如今，我的好客的习性，还未全改，尽管生活是这么清苦，因为自幼儿看惯了的事情是不易改掉的。

……

可是，母亲并不软弱。父亲死在庚子闹"拳"的那一年。联军入城，挨家搜索财物鸡鸭，我们被搜两次。母亲拉着哥哥与三姐坐在墙根，等着"鬼子"进来，街门是开着的。"鬼子"进门，一刺刀先把老黄狗刺死，而后入室搜索。他们走后，母亲把破衣箱搬起，才发现了我。假若箱子不空，我早就被压死了。皇上跑了，丈夫死了，鬼子来了，满城是血光火焰，可是母亲不怕，她要在刺刀下，饥荒中，保护着儿女。北平有多少变乱啊，有时候兵变了，街市整条地烧起，火团落在我们院中。有时候内战了，城门紧闭，铺店关门，昼夜响着枪炮。这惊恐，这紧张，再加上一家饮食的筹划，儿女安全的顾虑，岂是一个软弱的老寡妇所能受得起的？可是，在这种时候，母亲的心横起来，她不慌不哭，要从无办法中想出办法来。她的泪会往心中落！这点软而硬的性格，也传给了我。我对一切人与事，都取和平的态度，把吃亏看作当然的。但是，在做人上，我有一定的宗旨与基本的法则，什么事都可将就，而不能超过自己画好的界限。我怕见生人，怕办杂事，怕出头露面；但是到了非我去不可的时候，我便不敢不去，正像我的母亲。从私塾到小学，到中学，我经历过起码有几十位教师吧，其中有给我很大影响的，也有毫无影响的，但是我的真正的教师，把性格传给我的，是我的母亲。母亲并不识字，她给我的是生命的教育。

◎ 伴我朗读

　　老舍自幼丧父，由母亲独自带大，和母亲有着无比深厚的感情。本文通过记叙母亲的身世、经历和性格，表达了作者对母亲的无限敬爱和无以报答母亲恩情的愧疚之情，也塑造了一位有着典型东方女性性格特征的、平凡而伟岸的母亲形象。本文采用口语与书面语相结合的形式，既流畅朴素，又凝练含蓄，抒发了作者对母亲的敬仰感念和永世不忘的深情，极富表现力。

30. 书（节选）

朱 湘

拿起一本书来，先不必研究它的内容，只是它的外形，就已经很够我们的赏鉴了。

那眼睛看来最舒服的黄色毛边纸，单是纸色已经在我们的心目中引起一种幻觉，令我们以为这书是一个逃免了时间之摧残的遗民。它所以能幸免而来与我们相见的这段历史的本身，就已经是一本书，值得我们的思索、感叹，更不须提起它的内含的真或美了。

还有那一个个正方的形状，美丽的单字，每个字的构成，都是一首诗；每个字的沿革，都是一部历史……

如果在你面前的是一本旧书，则开章第一篇你便将看见许多朱色的印章，有的是雅号，有的是姓名。在这些姓名别号之中，你说不定可以发现古代的收藏家或是名倾一世的文人，那时候你便可以让幻想驰骋于这朱红的方场之中，构成许多缥缈的空中楼阁来。还有那些朱圈，有的圈得豪放，有的圈得森严，你可以就它们的姿态，以及它们的位置，悬想出读这本书的人是一个少年，还是老人；是一个放荡不羁的才子，还是老成持重的儒者。你也能借此揣摩出这主人翁的命运：他的书何以流散到了人间？是子孙不肖，将他舍弃了？是遭兵逃反，被一班庸奴偷窃出了他的藏书楼？还是运气不好，家道中衰，自己将它售卖了，来填偿债务，或是支持家庭？书的旧主人是这样，我呢？我这书的今主人呢？他当时对着雕花的端砚，拿起新发的朱笔，在清淡的炉香气息中，圈点这本他心爱的书，那时候，他是绝想不到这本书的未来命运，他自己的未来命运，是个怎样结局的；正如这现在读着这本书的我，不能知道我未来的命运将要如何一般。

更进一层，让我们来想象那作书人的命运：他的悲哀，他的失望，无一不自然地流露在这本书的字里行间。让我们读的时候，时而跟着他啼，时而为他扼腕太息。要是，不幸上再加上不幸，遇到秦始皇或是董卓，将他一生心血呕成的文章，一把火烧为乌有；或是像《金瓶梅》《红楼梦》《水浒》一般命运，被浅见者标作禁书，那更是多么可惜的事情呵！

天下事真是不如意的多。不讲别的，只说书这件东西，它是再与世无争也没有的了，也都要受这种厄运的摧残。至于那琉璃一般脆弱的美人，白鹤一般兀傲的文士，他们的遭忌更是不言可喻了。试想含意未伸的文人，他们在不得意时，有的樵采，有的放牛，不仅无异于庸人，并且备受家人或主子的轻蔑与凌辱；然而他们天生得性格倔强，世俗越对他白眼，他却越有精神。他们有的把柴挑在背后，拿书在手里读；有的骑在牛背上，将书挂在牛角上读；有的在蚊声如雷的夏夜，囊了萤照着书读；有的在寒风冻指的冬夜，拿了书映着雪读。然而时光是不等人的，等到他们学问已成的时候，眼光是早已花了，头发是早已白了，只是在他们的头额上新添加了一些深而长的皱纹。

咳！不如趁着眼睛还清朗，鬓发尚未成霜，多读一读"人生"这本书罢！

◎ 伴我朗读

作者因书触发了情思，充分利用自己的想象，创造了一个情趣盎然、引人入胜的境界。本文字里行间流露出作者对书的喜爱，对命途多舛的著书人的同情乃至对于现实人生的思考，言简义丰，引人遐想。

第七周 当代散文

31. 献你一束花

冯骥才

鲜花，理应呈送给凯旋的英雄。难道献给这黯淡无光的失败者？

她一直垂着头。前四天，她从平衡木上打着旋儿跌在垫子上时，就把这美丽而神气的头垂下来。现在她回国了，走入首都机场的大厅，简直要把脑袋藏进领口里去。她怕见前来欢迎的人们，怕记者问什么，怕姐姐和姐夫来迎接她，甚至怕见到机场那个热情的女服务员——她的崇拜者，每次出国经过这里时，都跑来帮着她提包儿……有什么脸见人，大败而归！

这次世界性比赛，她完全有把握登上平衡木和高低杠"女王"的宝座，国内外的行家都这么估计，但她的表演把这些希望的灯全都关上了。

两年前，她第一次出国参加比赛，夹在许多名扬海外的姑娘们中间，不受人注意，心里反而没负担，出人意料地拿了两项冠军。回国时，就在这机场大厅里，她受到空前热烈的迎接。许多只手朝她伸来，许多摄影机镜头对准她，一个戴眼镜的记者死死纠缠着问:"你最喜欢什么?"她不知如何作答,抬眼看见一束花,便说:"花!"于是就有几十束花朝她塞来,多得抱不住。两年来多次出国比赛,她胸前挂着一个又一个亮晃晃的奖牌回来,迎接她的是笑脸、花和摄影机雪亮的闪光。是不是这就加重她的思想负担?愈赢就愈怕输,成绩的包袱比失败的包袱更重。精神可以克服肉体的痛苦,肉体却无法摆脱开精神的压力。这次她在平衡木上稍稍感觉自己有些不稳,内心立刻变得慌乱而不能自制。她失败了,并且跟着在下面其他项目的比赛中一塌糊涂地垮下来……

本来她怕见人,走在队伍最后,可是当她发现很少有人招呼她,摄影记者也好像有意避开她时,她感到冷落,加重了心中的沮丧和愧疚,纵使她有回天之力,一时也难补偿,她茫然了。是啊,谁愿意与失败者站在一起。

忽然她发现一双脚停在她眼前。谁?她一点点向上看,深蓝色的服装,长长的腿,铜衣扣,无檐帽下一张洁白娴静的脸儿。原来是机场那女服务员。正背着双手,含笑对她说:

"我在电视里看见了你们比赛,知道你今天回来,特意来迎接你。"

"我真糟!"她赶紧垂下头。

"不,你同样用尽汗水和力量。"

"我是失败者。"

"谁都不能避免失败。我相信,失败和胜利对于你同样重要。让失败属于过去,胜利才属于未来。"女服务员的声音柔和又肯定。

她听了这话,重新抬起头来。只见女服务员把背在身后的手向前一伸,一大束五彩缤纷的花捧到她的面前。浓郁的香气竟化作一股奇异的力量注入她的身体。她顿时热泪满面。

怎么?花,理应呈送给凯旋的英雄,难道也要献给黯淡无光的失败者?

◎ 伴我朗读

这篇文章讲述了一位机场女服务员向一位比赛失败的运动员献花的故事,引发读者思考:在别人失败时,我们更应给予支持和鼓励。

32. 两只书箱（节选）

张清华

在幽暗和寂静中，它们默默地躺在那里。蛐蛐在墙角鸣叫着，窗外树叶婆娑，古旧的老屋隔开了我与世界的关系，让它们成为我最亲密的朋友。

这是我童年记忆中抹不去的一幕。两只纸箱，我已不知将它们把摸了多少次，从阴暗潮湿的箱橱底下拖出来，再放回去，这样重复着。但每次重复的获得都不相同，我是在无数次地翻展它们的过程中逐渐认识了它们，那些薄厚不一、五光十色、纸页枯黄的书本，每一次都给我带来新鲜的刺激。我无法完整地描述那种感受，我每一次都在增加着对它们的理解，但限于我那时的年龄，我似乎又永远无法完全理解它们，而这使得它们对我而言的那种神秘感总是有增无减。在贫乏的岁月里，它们成了一个我永远探求不尽的宝藏，一个让我激动、遐想和销魂的神秘世界。

我从那两只纸箱那里获得了最初的读书经验。许多年后，我总在考虑一个问题：什么才是真正的阅读？如今，我拥有数量不菲的书籍，并且背靠条件优越的资料室和图书馆，但总也找不回那种心醉神迷的感觉。带着种种功利的目的、任务，当我将自己逼入阅读之中时，我感受到的是迷惘、拒斥和疲惫。这是没有色彩、缺少想象、没有自由也没有灵感的痛苦的阅读，是被异化了的阅读。

两只纸箱，静静地蹲在黑暗里。

它们发着古铜色的光芒，照耀着我黯淡的童年。我那时并不明白父母亲为什么一定要坚持将它们放在暗无天日的套间的角落中，并且反复叮嘱我不许将它们拿到外面去。但现在想来，那环境恰好营造了一种必要的氛围和心境：幽深、静谧，有时令人不寒而栗，有如鬼神相伴。我第一次在那里读到了《聊斋志异选》，读到了《中国古代笔记小说》《唐宋词一百首》，读到了鲁迅的《呐喊》《彷徨》《野草》，还第一次读到了文学杂志——3本1963年的《人民文学》。当然，读到的最多的还是《红岩》《暴风骤雨》《革命母亲夏娘娘》《欧阳海》《高玉宝》之类的书。那是一种饥渴中的饱餐，对于一个孩子来说，那些质量参差的书并没有多大区别，它们带来的兴奋、欣悦和刺激几乎是一样的，每一本书都提供了一个语言的世界，一个可供想象和飞翔的空间。

……

在许多夜晚，我都常常回到遥远的记忆里，回到把摸那些古旧枯黄的书页的情景中，闻见它们弥漫在失散的时光中的幽雅的古香。它们的纸张是粗糙的，但它们所负载的知识和思想却曾经那样丰盈饱满，岁月赋予了它们更高的价值。

然而，后来那两只纸箱却失踪了，等到我有足够的力量真正通读它们的时候，它们却随我流逝的童年而一起消散了。回想起来，这罪责除了老鼠以外，主要是在于我自己的粗疏和顽劣，它们有的被我借出而失散，有的则被折了纸板或飞机，或被弃置在角落里霉变……每想及此便不由黯然而自责。如今，虽然我的存书早已超出并涵盖了当年那两只小小的书箱，但那份读书的随心与自由、天真与梦想却早已一去不复返。

◎ 伴我朗读

童年的经历对一个人的成长影响深远。作者童年时即能与书相伴，无疑是幸运的；而对于被"放在暗无天日的套间的角落中"的两箱书来说，能拥有一位爱书的小读者，又何尝不是幸运呢？时光飞逝，两箱书终于随童年一起不知所踪，但它们所负载的知识和思想，却同美好的童年回忆一样，在作者的生命中留下了抹不去的痕迹。

33. 春天是一点一点化开的

迟子建

　　立春那天，我在电视中看到，杭州西子湖畔的梅花开了。粉红的、雪白的梅花，在我眼里就是一颗颗爆竹，噼啪噼啪地引爆了春天。我想这时节的杭州，是不愁夜晚没有星星可看了，因为老天把最美的那条银河，送到人间天堂了。

　　而我这里，北纬五十度的地方，立春之时，却还是零下三十度的严寒。早晨，迎接我的是一夜寒流、冷月和凝结在玻璃窗上的霜花。想必霜花也知道节气变化了吧，这天的霜花不似往日的，总是树的形态。立春的霜花团团簇簇的，很有点花园的气象。你能从中看出喇叭形的百合花来，也能看出重瓣的玫瑰和单瓣的矢车菊来。不要以为这样的花儿，一定是银白色的，一旦太阳从山峦中升起来，印着霜花的玻璃窗，就像魔镜一样，散发出奇诡的光辉了。初升的太阳先是把一抹嫣红投给他，接着，殷红变成橘黄，霜花仿佛被蜜浸透了，让人怀疑蜜蜂看上了这片霜花，把它们辛勤的酿造，洒向这里了。再后来，太阳升得高了，橘黄变成了鹅黄，霜花的颜色就一层层地淡下去、浅下去，成了雪白的了，它们离凋零的时辰也就不远了。因为霜花的神经，最怕阳光温暖的触角了。

虽然季节的时针已指向春天了，可在北方，霜花却还像与主子有了感情的家奴似的，赶也赶不走。什么时候打发了它们，大地才会复苏。四月初，屋顶的积雪开始消融，屋檐在白昼滴水了，霜花终于熬不住了，撒脚走了。它这一去也不是不回头，逢到寒夜，它又来了。不过来得不是轰轰烈烈的，而是闪闪烁烁地隐现在窗子的边缘，看上去像是一树枝叶稀疏的梅。四月底，屋顶的雪化净了，林间的积雪也逐渐消融了，霜花才彻底丢了魂儿。

在大兴安岭，最早的春色出现在向阳山坡。嫩绿的草芽像绣花针一样顶破丰厚的泥土，以它的妙手，给大地绣出生机。而背阴山坡的残雪，还妄想着做冬的巢穴。然而随着冰河乍裂，达子香花开了，背阴山坡也绿意盈盈了，残雪也就没脸再赖着了。山前山后，山左山右，是透着清香的树、烂漫的山花和飞起飞落的鸟儿。蜿蜒在林间的一道道春水，被暖风吹拂得起了鱼苗似的波痕。那投在水面的阳光，便也跟着起了波痕，好像阳光在水面打起蝴蝶结了。

我爱这迟来的春天。因为这样的春天不是依节气而来的，它是靠着自身顽强的拼争，逐渐摆脱冰雪的桎梏，曲曲折折地接近温暖，苦熬出来的。也就是说，北国的春天，是一点一点化开的。它从三月到四月甚至五月，沉着果敢，心无旁骛，直到把冰与雪，安葬到泥土深处，然后让它们的精魂，又化作自己根芽萌发的雨露。

　　春天在一点一点化开的过程中，一天天地羽翼丰满起来了。待它可以展翅高飞的时候，解冻后的大地，又怎能不作了春天的天空呢！

◎ 伴我朗读

　　这"一点一点化开"的春天体现出一种沉着果敢、心无旁骛、顽强拼搏的精神。它启示我们：只要目标坚定，顽强拼搏，就可以迎来人生的春天，收获成功。

34. 清道夫的秩序

龙应台

清道夫

　　有一年冬天，清晨五点，我们的车子在漫天冰雪中小心地摸索，赶往法兰克福机场。落了一晚的雪，清晨才停，整个世界一片蒙蒙的灰白。松树支撑着厚厚一层白雪，沉甸甸地低垂下来。

　　用僵硬的冰手抹抹结霜的玻璃，看得清楚一点。古老的小镇在雪的覆盖下沉睡。人行道上却有一个孤单的人正在铲雪；很用劲的，弯腰铲起一把雪，抛在小路的两边，一铲又一铲，他的鼻子前一股白气。

　　这么早就起来工作了？我想着。他的脚前是几寸高的白雪，他的脚后却是一段干净的路面，窄窄的，刚好让一个人走路。

　　绿灯亮了，我们的车子就沿着他背后已经铲过的小路前进；一直到远离了小镇，进入了荒野，再回头，我突然醒悟到那条铲过的人行道有多么长,从红绿灯处一直绵延到小镇与荒野的交界。一铲又一铲的白雪,那么,我不禁问自己:那个人从几点钟开始工作的呢?

这个铲雪的人,用中国话来说,是个"清道夫"。没有人要求他提早三个小时上工,但是昨晚落了一场大雪,他如果不三更半夜就开始铲雪,第二天清晨上班的人们、上学的小孩,就必须在极深的雪中跋涉。

清晨六点,他已经清出了很长的一条干净的小路。他有什么样的社会地位?他有多高的收入?是什么信念使他在天寒地冻的凌晨时刻做他分外的苦工?或者,他认为他只是在尽力把分内的工作做得完美?

秩　序

高速公路上堵车。大概又是车祸。讲究秩序与条理的德国人在公路上却追求自由放任;因为没有时速限制,一辆比一辆开得快,赛车似的,但是一撞,也就一辆撞进一辆。一两百公里的速度下肇成的车祸,不是死亡就是严重的残废。

一寸一寸地往前移动,慢得令人不耐,但是没有任何车子脱队超前。近乎平行的交流道上也塞满了车,也是一寸一寸地移动。二十分钟之后,我们的车熬到了与交流道交会的路口，我才猛然发觉这两条路上的车子是怎么样一寸一寸移动的：在交口的地方，主线前进一辆，交流道接着吐进一辆，然后又轮到主线的车，然后是交流道的车……像拉链似的缝合，左一辆、右一辆、左一辆、右一辆，而后所有的车都开始奔驰起来。

这样的社会秩序来自一种群体的默契。不需要警察的监视，不需要罚规的恐吓，不需要红绿灯的指示，每一个人都遵守着同一个"你先我后"的原则，而这又是非常简单的原则：秩序，是唯一能使大家都获得应有利益的方法。

很简单的原则，很基本的默契，但是这种个人与群体的默契从什么时候开始有的呢？

◎ 伴我朗读

本文选自《人在欧洲》，是龙应台旅居瑞士的笔记。文章借生活中琐碎的见闻，对比和反思，寻找东西方文化的差异，带给我们不尽的思索。

35. 冬日香山

梁 衡

要不是有公务，谁会在这天寒地冻的时节来香山呢？可话又说回来，要不是恰在这时来，香山性格的那一面，我又哪能知道呢？

开三天会，就住在公园内的别墅里。偌大个公园为我们独享，也是一种满足。早晨一爬起来我便去逛山。这里我春天时来过，是花的世界；夏天时来过，是浓阴的世界；秋天时来过，是红叶的世界。而这三季都游客满山，说到底是人的世界。形形色色的服装，南腔北调的话音，这一切将山路林间都塞满了。现在可好，无花，无叶，无红，无绿，更没有多少人，好一座空落落的香山，好一个清净的世界。

过去来时，路边是夹道的丁香，厚绿的圆形叶片，白的或紫色的小花；现在只剩下灰褐色的劲枝，头挑着些已弹去种子的空壳。过去来时，山坡上是些层层片片的灌木，扑闪着自己霜红的叶片，如一团团的火苗，在秋风中翻腾；现在远望灰蒙蒙的一片，其身其形和石和土几乎融在一起，很难觅到它的音容。过去来时，林间树下是厚厚的绿草，绒绒地由山脚铺到山顶；现在它们或枯萎在石缝间，或被风扫卷着聚缠在树根下。如果说秋是水落石出，冬则是草木去而山石显了。在山下一望山顶的鬼见愁，黑森森的石崖，蜿蜒的石路，历历在目。连路边的巨石也都像是突然奔来眼前，过去从未相见似的。可以想见，当秋气初收，冬雪欲降之时，这山感到三季的重负将去，便迎着寒风将阔肩一抖，抖掉那些攀附在身的柔枝软叶；又将山门一闭，推出那些没完没了的闲客；然后正襟危坐，巍巍然俯视大千，静静地享受安宁。我现在就正步入这个虚静世界。苏轼在夜深人静时去游承天寺，感觉到寺之明静如处积水之中，我今于冬日游香山，神清气朗如在真空。

与春夏相比，这山上不变的是松柏。一出别墅的后门就有十几株两抱之粗的苍松直通天穹。树干粗粗壮壮，溜光挺直，直到树梢尽头才伸出几根遒劲的枝，枝上挂着束束松针，该怎样绿还是怎样绿。这时太阳从东方冉冉升起，走到松枝间却寂然不动了。我徘徊于树下，又斜倚在石上，看着这红日绿松，心中澄静安闲如在涅槃，觉得胸若虚谷，头悬明镜，人山一体。此时我只感到山的巍峨与松的伟岸，冬日香山就只剩下这两样了。苍松之外，还有一些新松，栽在路旁，冒出油绿的针叶，好像全然不知外面的季节。与松做伴的还有柏树与翠竹。柏树或矗立路旁，或伸出于石岩，森森然，与松呼应。翠竹则在房檐下山脚旁，挺着秀气的枝，伸出绿绿的叶，远远地做一些铺垫。你看它们身下那些形容萎缩的衰草败枝,你看它们头上的红日蓝天,你看那被山风打扫得干干净净的石板路,你就会明白松树的骄傲。它不因风寒而筒袖缩脖,不因人少而自卑自惭。我奇怪人们的好奇心那么强,可怎么没有想到在秋敛冬凝之后再来香山看看松柏的形象。

当我登上山顶时,回望远处烟霭茫茫,亭台隐隐,脚下山石奔突,松柏连理,无花无草,一色灰褐。好一幅天然焦墨山水图。焦墨笔法者,舍色而用墨,不要掩饰,只留本质。你看这山,它借着季节相助,舍掉了丁香的香味,芳草的倩影,枫树的火红,还有游客的捧场,只留下这长青的松柏来作自己的山魂。山路寂寂,阒(qù)然无人。我边走边想,比较着几次来香山的收获。春天来时我看她的妩媚,夏天来时我看她的丰腴,秋天来时我看她的绰约,冬天来时却有幸窥见她的骨气。她在回顾与思考之后,毅然收起了那些过眼繁花,只留下这铮铮硬骨与浩浩正气。靠着这骨这气,她会争得来年更好的花,更好的叶,和永远的香气。

香山,这个神清气朗的冬日!

◎ 伴我朗读

冬日的香山,万物凋零却依然伟岸,呈现出"铮铮硬骨与浩浩正气"。这是作者感悟到的香山"性格"的另一面,使读者对冬日香山有了进一步的认识和思考。

第八周　外国诗歌（一）

36. 篱笆那边

〔美〕狄金森

篱笆那边
有草莓一颗
我知道，如果我愿
我可以爬过
草莓，真甜！

可是，脏了围裙
上帝一定要骂我！
哦，亲爱的，我猜，如果
他也是个孩子
他也会爬过去，如果，他能
爬过！

（江枫　译）

◎ 伴我朗读

　　《篱笆那边》是首形式短小却意味深远、令人遐思的诗歌。这首诗里跳跃着一颗单纯的童稚的心，那心中充满着对"篱笆那边"鲜红欲滴的"草莓"的渴望。这极具诱惑力的"草莓"，在诗中已不仅仅是一种水果了，它已被诗人抽象为孩子追求的世间美好事物的象征。

37. 旧日的时光

〔英〕罗伯特·彭斯

一

难道就该把老朋友遗忘，
不把他再挂在心上？
难道就该把老朋友遗忘，
还有那旧日的时光？

（副歌）

为了那旧日的时光，老朋友，
为了那旧日的时光，
让我们干一杯友谊之酒，
为了那旧日的时光。

二

你准会把一大杯喝尽！
我也会把我的喝光！
让我们干一杯友谊之酒，
为了那旧日的时光。

三

为了采摘美丽的延命菊,

我们俩在山坡游荡;

但我们经历了万里跋涉,

自从那旧日的时光。

四

从朝阳初升一直到中午,

我们俩漫步溪上;

呼啸的重洋把我们相隔,

自从那旧日的时光。

五

忠实的朋友,这是我的手,

请给我你那只手掌;

我们干一杯友谊之酒,

为了那旧日的时光。

(袁可嘉　译)

◎ 伴我朗读

　　这首诗歌颂了真挚美好、地久天长的友情。诗人运用民歌中常用的"重章复唱"的手法,回环往复,把所要表达的感情不断深化,加强了抒情效果,令人回味无穷。

38. 云

〔俄〕莱蒙托夫

天空的行云啊，永恒的流浪者！
你们，逐放的流囚，同我一样，
经过碧绿的草原，绵连的山脉，
由可爱的北国匆匆奔向南方。
是谁在迫害你们：命运的裁判？
隐秘的妒嫉？还是公然的毁谤？
苦恼你们的是你们自己的罪行，
还是朋友们狠毒的恶意中伤？
不是，荒凉的田野使你们感到厌倦……
你们不知道什么是痛苦和惆怅，
你们是永远冷漠，永远自由的，
你们没有祖国，也不会有逐放。

（余振　译）

◎ 伴我朗读

　　这首诗写于1840年诗人第二次流放高加索动身之前。在朋友们为他送别的聚会上，他仰望着天空的流云，有感于自己的身世，即兴成诗。诗人以碧空流云之景，抒发惨遭流放之情，又以云"永远冷漠""没有祖国"烘托自己因热爱祖国而遭厄运的悲愤之情。全诗情景相生，浑然一体，因而广为传诵。

39. 孔夫子的箴言

〔德〕席 勒

时间的步伐有三种不同：
姗姗来迟的乃是未来，
疾如飞矢的乃是现在，
过去却永远静止不动。

它在缓步时，任怎样性急，
不能使它的步子加速。
它在飞逝时，恐惧和犹疑
不能阻挡住它的去路。
任何懊悔，任何咒语，
不能使静止者移动寸步。

你要做幸福、聪明的人，
走完你的生命的旅程，
要听从迟来者的教诲，

不要做你的行动的傀儡。

别把飞逝者选作朋友，

别把静止者当作对头。

（钱春绮　译）

◎ 伴我朗读

　　《孔夫子的箴言》共两首，诗人假托孔子这位中国哲人之名，表达自己的思想，阐述普遍真理。本诗为第一首，发表于1796年。诗人以精练传神的诗句表述关于时间的哲理，启发人们以正确的态度对待未来、现在和过去，从而拥有充实、幸福的人生。

40. 回旋舞

〔法〕保尔·福尔

假如全世界的少女都肯携起手来,
她们可以在大海周围跳一个回旋舞。

假如全世界的男孩都肯做水手,
他们可以用他们的船在水上造成一座美丽的桥。

那时人们便可以绕着全世界跳一个回旋舞,
假如全世界的男女孩都肯携起手来。

(戴望舒 译)

◎ 伴我朗读

　　全世界的少男少女都携起手来,跨越国别、肤色、种族的鸿沟,共跳一个回旋舞,世界不就充满了爱吗?这首歌唱人类团结友爱的颂歌,表达了诗人美好的理想和乐观的情调。

第九周 古代诗歌（三）

41. 读《山海经》十三首（其一）

〔晋〕陶渊明

孟夏草木长，绕屋树扶疏。
众鸟欣有托，吾亦爱吾庐。
既耕亦已种，时还读我书。
穷巷隔深辙，颇回故人车。
欢然酌春酒，摘我园中蔬。
微雨从东来，好风与之俱。
泛览周王传，流观山海图。
俯仰终宇宙，不乐复何如？

◎ 伴我朗读

①孟夏：初夏。②扶疏：枝叶繁茂貌。③众鸟欣有托：群鸟因有树可依而欣喜。④穷巷隔深辙，颇回故人车：谓自己居处偏僻，远离繁华之地，常使故人来访的车马掉头而回。⑤周王传：指《穆天子传》。⑥山海图：指《山海经》。⑦俯仰终宇宙，不乐复何如：（因读古书）转瞬之间即可遍游宇宙。俯仰，指时间短暂。

这首诗写自己隐居耕读的乐趣，风格冲淡真淳，语言质朴无华，表达了诗人对自然、自由、和谐的人生理想和社会理想的追求。

42. 夏日南亭怀辛大

〔唐〕孟浩然

山光忽西落,池月渐东上。
散发乘夕凉,开轩卧闲敞。
荷风送香气,竹露滴清响。
欲取鸣琴弹,恨无知音赏。
感此怀故人,中宵劳梦想。

◎ 伴我朗读

①山光:指傍山而落的太阳。②散发:古时男子束发戴冠,闲暇时常将头发散开。③闲敞:清静宽敞。④中宵:中夜、半夜。

这首诗写夏夜南亭纳凉的清爽闲适,抒发了对友人的怀念之情。全诗写景细致如画,意境清幽,韵味悠长,层递自然,一气浑成,颇具引人入胜的艺术魅力。

43. 蝶恋花

〔宋〕周邦彦

月皎惊乌栖不定。更漏将阑,辘轳牵金井。唤起两眸清炯炯。泪花落枕红绵冷。

执手霜风吹鬓影。去意徘徊,别语愁难听。楼上阑干横斗柄。露寒人远鸡相应。

◎ 伴我朗读

①更漏:即刻漏,古代计时器。②辘轳(lù lú):井上汲水用的绞轮式器具。③金井:井栏上有雕饰的井。④阑干:横斜貌。⑤横斗柄:北斗星的柄横斜下垂,谓天将拂晓。

此诗描述情人辞家早行的全过程。上片写别前,下片写别时、别后。其最显著的特点是全篇句句均由不同的画面组成,并配合以不同的声响。正是这样的完美组合,形象地体现出时间的推移、场景的变换、人物的表情与动作,充分表现出难舍难分的离情别绪。全词情节完整,有环境,有人物,有动作,某些细节还写得十分生动传神,离别的痛苦和忧伤浸透全篇,言有尽而意无穷,历来受到赞誉。

44. 水龙吟

〔宋〕辛弃疾

楚天千里清秋,水随天去秋无际。遥岑远目,献愁供恨,玉簪螺髻。落日楼头,断鸿声里,江南游子。把吴钩看了,栏干拍遍,无人会、登临意。

休说鲈鱼堪脍,尽西风,季鹰归未?求田问舍,怕应羞见,刘郎才气。可惜流年,忧愁风雨,树犹如此!倩何人、唤取红巾翠袖,揾英雄泪。

◎ 伴我朗读

①遥岑（cén）：远山。②玉簪螺髻：这里比喻高矮和形状各不相同的山岭。③吴钩：古代吴国所铸的一种弯刀，这里泛指刀剑。④休说鲈鱼堪脍，尽西风，季鹰归未：反用张翰弃官南归事，表示不愿弃官归隐，享受清闲。季鹰，张翰字。⑤求田问舍，怕应羞见，刘郎才气：意谓在国难当头时购置田产，经营安乐窝，当为天下英雄耻笑。刘郎，指刘备。⑥倩（qìng）：请托。⑦红巾翠袖：女子装饰，代指女子。⑧揾（wèn）：擦拭。

这首词是词人在建康通判任上所作。上片开头以无际楚天与滚滚长江作背景，境界阔大，触发了家国之恨和乡关之思。"落日楼头"以下，表现词人壮志难酬又无人理解的郁闷。下片运用典故对历史人物进行褒贬，从而表达自己以天下为己任的抱负；叹惜流年如水，壮志成灰。

45. 一剪梅

〔宋〕蒋 捷

一片春愁待酒浇。江上舟摇,楼上帘招。秋娘渡与泰娘桥。风又飘飘,雨又萧萧。

何日归家洗客袍?银字笙调,心字香烧。流光容易把人抛,红了樱桃,绿了芭蕉。

◎ 伴我朗读

①帘招:指酒旗。②秋娘渡:与"泰娘桥"同为吴江一带的地名。③银字笙:管乐器的一种。④心字香:熏炉里心字形的香。

这是一首写在离乱颠簸的流亡途中的词作。明艳的春光与凄楚的心境在强烈地对照着,春深似海,愁深胜似海,在时光的流逝中,"春愁"无法排遣。此词看似声韵清丽浏亮,实则表达了词人倦懒思归的愁绪以及韶华易逝的感慨。

第十周 古代诗歌(四)

46. 马 嵬

〔清〕袁 枚

莫唱当年《长恨歌》,人间亦自有银河。

石壕村里夫妻别,泪比长生殿上多。

◎ 伴我朗读

①马嵬(wéi):即马嵬坡,在陕西兴平西。安史之乱时,唐玄宗逃到这里,在随军将士的胁迫下,赐死杨贵妃。②《长恨歌》:唐代诗人白居易所作长篇叙事诗,写的是唐玄宗宠幸杨贵妃而造成的政治悲剧与爱情悲剧。③石壕村:唐代诗人杜甫作有《石壕吏》诗,写安史之乱中,官吏征兵造成石壕村一对老年夫妻惨别的情形。④长生殿:唐华清宫殿名。

白居易的《长恨歌》,在揭示唐玄宗宠幸杨贵妃而造成政治悲剧的同时,也表达了对二人爱情悲剧的同情。袁枚此诗却不落俗套,另翻新意,将李、杨的爱情悲剧放在民间百姓悲惨遭遇的背景下加以审视,强调广大民众的苦难远非帝妃可比。

47. 西江月

〔宋〕苏　轼

世事一场大梦，人生几度新凉？夜来风叶已鸣廊，看取眉头鬓上。

酒贱常愁客少，月明多被云妨。中秋谁与共孤光，把盏凄然北望。

◎ 伴我朗读

①风叶：风吹树叶所发出的声音。②鸣廊：在回廊上发出声响。③妨：遮蔽。④孤光：指独在中天的月亮。

此词反映了词人谪居黄州后的苦闷心情，词调较为低沉、哀婉，充满了人生空幻的深沉喟叹。上片写感伤，寓情于景，咏人生之短促，叹壮志之难酬；下片写悲愤，借景抒情，感世道之险恶，悲人生之寥落。全词以景寓情，情景交融，将吟咏节序与感慨身世、抒发悲情紧密结合起来，情真意切，令人感动。

48. 鹧鸪天

〔宋〕苏 轼

林断山明竹隐墙,乱蝉衰草小池塘。翻空白鸟时时见,照水红蕖细细香。

村舍外,古城旁,杖藜徐步转斜阳。殷勤昨夜三更雨,又得浮生一日凉。

◎ 伴我朗读

①林断山明:树林断绝处,山峰显现出来。②红蕖:荷花。③杖藜:拄着藜杖。④浮生:意为世事不定,人生短促。

此词作于词人贬谪黄州时期,是他当时乡间幽居生活的自我写照。全词描绘了一幅夏日雨后的农村小景,表现了词人欢快、闲适的心境。

49. 半死桐

〔宋〕贺 铸

重过阊门万事非,同来何事不同归?梧桐半死清霜后,头白鸳鸯失伴飞。

原上草,露初晞,旧栖新垅两依依。空床卧听南窗雨,谁复挑灯夜补衣!

◎ 伴我朗读

①阊(chāng)门:本为苏州西门,这里代指苏州。②梧桐半死:比喻丧偶。③原上草,露初晞:比喻死亡。晞,干掉。④旧栖:旧居。⑤新垅:新坟。

这首词表达了词人对亡妻的深挚追怀。词中追念了词人与亡妻在长期同甘共苦的生活中,培养出来的深厚感情,出语沉痛,情真意切,哀怨凄婉,感人肺腑。

50. 春　日

〔宋〕汪　藻

一春略无十日晴，处处浮云将雨行。
野田春水碧于镜，人影渡傍鸥不惊。
桃花嫣然出篱笑，似开未开最有情。
茅茨烟暝客衣湿，破梦午鸡啼一声。

◎ 伴我朗读

①茅茨（cí）：茅草屋顶。②烟暝：烟雨迷蒙。

这首诗把春日出游的见闻次第展开，描绘了一幅春意盎然、胜景纷呈的春游图，表达了诗人对自然美景的喜爱。

第十一周 古代散文（二）

51. 答苏武书（节选）

〔汉〕李 陵

自从初降（xiáng），以至今日，身之穷困，独坐愁苦。终日无睹，但见异类，韦韝（gōu）毳（cuì）幕，以御风雨；膻肉酪浆，以充饥渴。举目言笑，谁与为欢？胡地玄冰，边土惨裂，但闻悲风萧条之声。凉秋九月，塞外草衰，夜不能寐，侧耳远听，胡笳（jiā）互动，牧马悲鸣，吟啸成群，边声四起。晨坐听之，不觉泪下。

◎ 伴我朗读

①答苏武书：此文最早见于《昭明文选》，作者作李陵，今学者多认为其为南北朝时人的伪作。②初降：指李陵兵败投降匈奴事。③韦韝：皮制的臂衣。④毳幕：毡帐。⑤胡笳：我国古代北方民族的一种管乐器。

这段文字写李陵投降匈奴后十余年来的心境，通过对边地环境的描绘营造一片凄苦悲凉的气氛，以烘托人物内心的痛苦，抒情意味极为浓厚。

52. 北山移文（节选）

〔南朝齐〕孔稚圭

世有周子，隽（jùn）俗之士，既文既博，亦玄亦史。然而学遁东鲁，习隐南郭，偶吹草堂，滥巾北岳，诱我松桂，欺我云壑，虽假容于江皋（gāo），乃缨情于好爵。其始至也，将欲排巢父，拉许由，傲百氏，蔑王侯。风情张日，霜气横秋。或叹幽人长往，或怨王孙不游。谈空空于释部，核玄玄于道流，务光何足比，涓子不能俦。及其鸣驺入谷，鹤书赴陇，形驰魄散，志变神动。尔乃眉轩席次，袂耸筵上，焚芰（jì）制而裂荷衣，抗尘容而走俗状。风云凄其带愤，石泉咽而下怆，望林峦而有失，顾草木而如丧。

◎ 伴我朗读

①隽俗：脱俗，这里是反语。②东鲁：与下文"南郭""草堂""北岳"均指隐居处。③滥巾：冒充隐士。④释部：指佛经。⑤鸣驺：指皇帝征召的车马。⑥鹤书：指诏书。

本文拟托山灵口吻，讽刺表面清高而醉心名利的假隐士。选段通过对比"周子"在皇帝征召前后的表现，将其虚伪丑陋的嘴脸刻画得淋漓尽致。

53. 日 喻（节选）

〔宋〕苏 轼

生而眇（miǎo）者不识日，问之有目者。或告之曰："日之状如铜盘。"扣盘而得其声。他日闻钟，以为日也。或告之曰："日之光如烛。"扪烛而得其形。他日揣龠（yuè），以为日也。日之与钟、龠亦远矣，而眇者不知其异，以其未尝见而求之人也。

道之难见也甚于日，而人之未达也，无以异于眇。达者告之，虽有巧譬善导，亦无以过于盘与烛也。自盘而之钟，自烛而之龠，转而相之，岂有既乎？故世之言道者，或即其所见而名之，或莫之见而意之，皆求道之过也。

伴我朗读

①眇者：盲人。②龠：一种像笛子的乐器。③转而相之：一个譬喻接着一个譬喻地辗转相比。④既：完。⑤过：弊病。

作者通过"盲人识日"这个浅明的寓言，巧妙地说明了一个道理：只求一面，不及其余的方法，将会导致十分荒谬的结论。

54. 西 湖（节选）

〔明〕袁宏道

从武林门而西，望保叔塔突兀层崖中，则已心飞湖上也。午刻入昭庆，茶毕，即棹小舟入湖。山色如娥，花光如颊，温风如酒，波纹如绫，才一举头，已不觉目酣神醉，此时欲下一语描写不得，大约如东阿王梦中初遇洛神时也。余游西湖始此，万历丁酉二月十四日也。

◎ 伴我朗读

①娥：少女的黛眉。②东阿王：指曹植，他作有《洛神赋》，叙述自己在洛水边与洛神相遇的故事。

这篇文章记叙作者初游西湖时的所见所感。未到西湖而心已先飞湖上，可见其心情之急迫，也可看出对西湖美景之期待。"山色如娥，花光如颊，温风如酒，波纹如绫"，寥寥数笔而西湖神韵全出。作者"目酣神醉"，又将西湖比作曹植笔下的洛神，西湖之美一至于斯！

55. 陶庵梦忆自序（节选）

〔明〕张　岱

　　鸡鸣枕上，夜气方回。因想余生平繁华靡丽，过眼皆空，五十年来，总成一梦。今当黍熟黄粱，车旋蚁穴，当作如何消受？遥思往事，忆即书之，持问佛前，一一忏悔。不次岁月，异年谱也；不分门类，别《志林》也。偶拈一则，如游旧径，如见故人，城郭人民，翻用自喜，真所谓"痴人前不得说梦"矣。

◎ 伴我朗读

　　①黍熟黄粱：用唐代沈既济《枕中记》黄粱梦故事，说富贵奢华终成虚幻。②车旅蚁穴：指车轮轧过蚁穴。亦喻黄粱梦终之意。③年谱：用编年体裁记载个人生平事迹的著作。④《志林》：指《东坡志林》，为南宋人编辑的有关苏轼故事的一部书。⑤翻：反而。

　　文章自述国破家亡后的生活状态和写作文集所怀的心态，表达了对前朝人事深深的怀念之情，托出其心灵之无限苦痛。

第十二周 现代诗歌（二）

56. 一个小农家的暮

刘半农

她在灶下煮饭，
新砍的山柴，
必必剥剥地响。
灶门里嫣红的火光，
闪着她嫣红的脸，
闪红了她青布的衣裳。

他衔着个十年的烟斗，
慢慢地从田里回来；
屋角里挂去了锄头，
便坐在稻床上，
调弄着只亲人的狗。

他还踱到栏里去，
看一看他的牛，
回头向她说：

现代诗歌（三）

"怎样了——
我们新酿的酒？"

门对面青山的顶上，
松树的尖头，
已露出了半轮的月亮。

孩子们在场上看着月，
还数着天上的星：
"一，二，三，四……"
"五，八，六，两……"

他们数，他们唱：
"地上人多心不平，
天上星多月不亮。"

◎ 伴我朗读

　　在诗中，诗人勾画了一幅"小农家"家居生活的图景，没有直抒胸臆，有的只是细微的动作和对话，还有环境描写和场景的切换。一丝温馨的情绪浸染在朴实的字里行间。结尾处孩子们的歌谣在朴素的语言中蕴含深刻的人生哲理，使读者回味无穷。

57. 月下待杜鹃不来

徐志摩

看一回凝静的桥影,
数一数螺钿的波纹,
我倚暖了石阑的青苔,
青苔凉透了我的心坎;

月儿,你休学新娘羞,
把锦被掩盖你光艳首,
你昨宵也在此勾留,
可听她允许今夜来否?

听远村寺塔的钟声,
像梦里的轻涛吐复收,
省心海念潮的涨歇,
依稀漂泊踉跄的孤舟;

水粼粼,夜冥冥,思悠悠,
何处是我恋的多情友,
风飕飕,柳飘飘,榆钱斗斗,
令人长忆伤春的歌喉。

◎ 伴我朗读

  这首诗深受我国古典诗歌的影响,诗句略带文言,且多用对句、叠字,节奏优美,珠圆玉润;杜鹃、桥影、波纹、青苔、明月、钟声、孤舟、风、柳、榆钱等丰富的古典意象的运用,更营造出一个空灵清冷的意境,而诗人失落、忧伤的情感,自然而然地从中流露出来。

58. 无　题

林徽因

什么时候再能有
那一片静；
溶溶在春风中立着，
面对着山，面对着小河流？

什么时候还能那样
满掬着希望；
披拂新绿，耳语似的诗思，
登上城楼，更听那一声钟响？

什么时候，又什么时候，心
才真能懂得

现代诗歌（二）

这时间的距离；山河的年岁；
昨天的静，钟声
昨天的人
怎样又在今天里划下一道影！

◎ 伴我朗读

　　这是一首十四行诗，表达了诗人对过往的怀念。诗人通过"春风""小河流""新绿""城楼""钟响""昨天的人"等意象，将过往描绘得如此美好，因而更衬托出今日的失落与惆怅。

59. 一朵野花

陈梦家

一朵野花在荒原里开了又落了，
不想到这小生命，向着太阳发笑，
上帝给他的聪明他自己知道，
他的欢喜，他的诗，在风前轻摇。

一朵野花在荒原里开了又落了，
他看见青天，看不见自己的渺小，
听惯风的温柔，听惯风的怒号，
就连他自己的梦也容易忘掉。

◎ 伴我朗读

  这是一首清新流畅的咏物抒情短诗。诗人在一朵野花的世界里发现了生命的自然、自在、自信的纯美，并以优美的笔调歌咏它。

60. 十二月十九夜

废 名

深夜一枝灯,
若高山流水,
有身外之海。
星之空是鸟林,
是花,是鱼,
是天上的梦,
海是夜的镜子。
思想是一个美人,
是家,
是日,
是月,
是灯,

是炉火，

炉火是墙上的树影，

是冬夜的声音。

◎ 伴我朗读

　　这首诗写的是诗人冬夜独对孤灯时，关于宇宙、人生与自我的玄想妙悟。整首诗在暗示，一个善于思想而超越了一切外在与内在束缚的人，也会在一切中找到自己的知音和快乐，获得真正的精神上的自由。

第十三周 现代散文（二）

61. 五四断想

闻一多

旧的悠悠死去，新的悠悠生出，不慌不忙，一个跟一个——这是演化。

新的已经来到，旧的还不肯去，新的急了，把旧的挤掉——这是革命。

挤是发展受到阻碍时必然的现象，而新的必然是发展的，能发展的必然是新的，所以青年永远是革命的，革命永远是青年的。

新的日日壮健着（量的增长），旧的日日衰老着（量的减耗），壮健的挤着衰老的，没有挤不掉的，所以革命永远是成功的。

革命成功了，新的变成旧的，又一批新的上来了。旧的停下来拦住去路，说："我是赶过路程来的，我的血汗不能白流，我该歇下来舒服舒服。"新的说："你的舒服就是我的痛苦，你耽误了我的路程。"又把他挤掉，……如此，武戏接二连三地演下去，于是革命似乎永远"尚未成功"。

让曾经新过来的旧的，不要只珍惜自己的过去，多多体念别人的将来，自己腰酸腿痛，拖不动了，就赶紧让。"功成身退"不正是光荣吗？"后生可畏，焉知来者之不如今也！"这也是古训啊！

其实青年并非永远是革命的，"青年永远是革命的"这定理，只在"老年永远是不肯让路的"这前提下才能成立。

革命也不能永远"尚未成功"。几时旧的知趣了，到时就功成身退，不致阻碍了新的发展，革命便成功了。

旧的悠悠退去，新的悠悠上来，一个跟一个，不慌不忙，那天历史走上了演化的常轨，就不再需要变态的革命了。

但目前，我们还要用"挤"来争取"悠悠"，用革命来争取演化。"悠悠"是目的，"挤"是达到目的的手段。

于是又想到变与乱的问题。变是悠悠的演化，乱是挤来挤去的革命。若要不乱挤，就只得悠悠地变。若是该变而不变，那只有挤得你变了。

子在川上曰："逝者如斯夫，不舍昼夜！"古训也发挥了变的原理。

◎ 伴我朗读

1945年5月，抗日战争胜利的曙光就在眼前，中国历史即将翻开新的一页，人们为这"新"的莅临而欢呼雀跃。诗人闻一多应约写下这篇"微言大义"的《五四断想》。"新的必然是发展的，能发展的必然是新的"，蕴含了闻一多对"五四"精神的个性解读和哲学阐释。

62. 二丑艺术

鲁　迅

浙东的有一处的戏班中,有一种角色叫作"二花脸",译得雅一点,那么,"二丑"就是。他和小丑的不同,是不扮横行无忌的花花公子,也不扮一味仗势的宰相家丁,他所扮演的是保护公子的拳师,或是趋奉公子的清客。总之:身份比小丑高,而性格却比小丑坏。

义仆是老生扮的,先以谏诤(zhèng),终以殉主;恶仆是小丑扮的,只会作恶,到底灭亡。而二丑的本领却不同,他有点上等人模样,也懂些琴棋书画,也来得行令猜谜,但倚靠的是权门,凌蔑的是百姓,有谁被压迫了,他就来冷笑几声,畅快一下,有谁被陷害了,他又去吓唬一下,吆喝几声。不过他的态度又并不常常如此的,大抵一面又回过脸来,向台下的看客指出他公子的缺点,摇着头装起鬼脸道:你看这家伙,这回可要倒霉哩!

这最末的一手,是二丑的特色。因为他没有义仆的愚笨,也没有恶仆的简单,他是智识阶级。他明知道自己所靠的是冰山,一定不能长久，他将来还要到别家帮闲，所以当受着豢（huàn）养，分着余炎的时候，也得装着和这贵公子并非一伙。

二丑们编出来的戏本上，当然没有这一种角色的，他哪里肯；小丑，即花花公子们编出来的戏本，也不会有，因为他们只看见一面，想不到的。这二花脸，乃是小百姓看透了这一种人，提出精华来，制定了的角色。

世间只要有权门，一定有恶势力，有恶势力，就一定有二花脸，而且有二花脸艺术。我们只要取一种刊物，看他一个星期，就会发现他忽而怨恨春天，忽而颂扬战争，忽而译萧伯纳演说，忽而讲婚姻问题；但其间一定有时要慷慨激昂地表示对于国事的不满：这就是用出末一手来了。

这最末的一手，一面也在遮掩他并不是帮闲，然而小百姓是明白的，早已使他的类型在戏台上出现了。

◎ 伴我朗读

鲁迅说自己的杂文，"论时事不留面子，砭痼弊常取类型"（《伪自由书·前记》）。"不留面子"，是讽刺的锋芒，"常取类型"，是为文的技巧。本文充分体现了鲁迅杂文的特点。他将现实中的一种文学现象，比喻为浙东戏中的"二花脸"角色，由此联想升华，演绎发微，从而提炼出"二丑艺术"的类型，这样就使得自己的讽刺对象，不再是个别现象的偶然发现，而有了一种社会批判的普遍性和代表性。这种发现和提炼本身，显示了鲁迅的讽刺与幽默的才华，也给鲁迅的这篇杂文带来了意蕴很深的审美品格。这篇文章因此也就超越了时间的限制，成为具有永恒价值的经典。

63. 白马湖（节选）

朱自清

白马湖并非圆圆的或方方的一个湖，如你所想到的，这是曲曲折折大大小小许多湖的总名。湖水清极了，如你所能想到的，一点儿不含糊像镜子。沿铁路的水，再没有比这里清的，这是公论。遇到旱年的夏季，别处湖里都长了草，这里却还是一清如故。白马湖最大的，也是最好的一个，便是我们住过的屋的门前那一个。那个湖不算小，但湖口让两面的山包抄住了。外面只见微微的碧波而已，想不到有那么大的一片。湖的尽里头，有一个三四十户人家的村落，叫作西徐岙（ào），因为姓徐的多。这村落与外面本是不相通的，村里人要出来得撑船。后来春晖中学在湖边造了房子，这才造了两座玲珑的小木桥，筑起一道煤屑路，直通到驿亭车站。那是窄窄的一条人行路，蜿蜒曲折的，路上虽常不见人，走起来却不见寂寞——尤其在微雨的春天，一个初到的来客，他左顾右盼，是只有觉得热闹的。

春晖中学在湖的最胜处，我们住过的屋也相去不远，是半西式。湖光山色从门里、从墙头进来，到我们窗前、桌上。我们几家接连着；丏（miǎn）翁的家最讲究。屋里有名人字画，有古瓷，有铜佛，院子里满种着花。屋子里的陈设又常常变换，给人新鲜的受用。他有这样好的屋子，又是好客如命，我们便不时地上他家里喝老酒。丏翁夫人的烹调也极好，每回总是满满的盘碗拿出来，空空的收回去。白马湖最好的时候是黄昏。湖上的山笼着一层青色的薄雾，在水里映着参差的模糊的影子。水光微微的暗淡，像是一面古铜镜。轻风吹来，有一两缕波纹，但随即平静了。天上偶见几只归鸟，我们看着它们越飞越远，直到不见为止。这个时候便是我们喝酒的时候。我们说话很少；上了灯话才多些，但大家都已微有醉意，是该回家的时候了。若有月光，也许还得徘徊一会；若是黑夜，便在暗里摸索醉着回去。

　　白马湖的春日自然最好。山是青得要滴下来，水是满满的、软软的。小马路的两边，一株间一株地种着小桃与杨柳。小桃上各缀着几朵重瓣的红花，像夜空的疏星。杨柳在暖风里不住地摇曳。在这路上走着，时而听见锐而长的火车的笛声是别有风味的。在春天，不论是晴是雨，是月夜是黑夜，白马湖都好——雨中田里菜花的颜色最早鲜艳；黑夜虽什么不见，但可静静地受用春天的力量。夏夜也有好处，有月时可以在湖里划小船，四面满是青霭。船上望别的村庄，像是蜃楼海市，浮在水上，迷离惝（chǎng）恍的；有时听见人声或犬吠，大有世外之感。若没有月呢，便在田野里看萤火。那萤火不是一星半点的，如你们在城中所见；那是成千成百的萤火。一片儿飞出来，像金线网似的，又像耍着许多火绳似的。

◎ 伴我朗读

　　这是一篇回忆文章，重点写白马湖春夏两季的景色和作者与朋友共度的快乐时光。白马湖的春天生机勃勃，色彩斑斓；夏夜浮舟水上，如世外桃源，又有成千成百的萤火虫闪烁的奇观。更重要的是，这里有志趣相投、情谊深厚的朋友。这一切都让作者无比怀念。

64. 雨　前

何其芳

　　最后的鸽群带着低弱的笛声在微风里划一个圈子后，也消失了。也许是误认这灰暗的凄冷的天空为夜色的来袭，或是也预感到风雨的将至，遂过早地飞回它们温暖的木舍。

　　几天的阳光在柳条上撒下的一抹嫩绿，被尘土埋掩得有憔悴色了，是需要一次洗涤。还有干裂的大地和树根也早已期待着雨。雨却迟疑着。

　　我怀想着故乡的雷声和雨声。那隆隆的有力的搏击，从山谷返响到山谷，仿佛春之芽就从冻土里震动，惊醒，而怒苗出来。细草样柔的雨声又以温存之手抚摩它，使它簇生油绿的枝叶而开出红色的花。这些怀想如乡愁一样萦绕得使我忧郁了。我心里的气候也和这北方大陆一样缺少雨量，一滴温柔的泪在我枯涩的眼里，如迟疑在这阴沉的天空里的雨点，久不落下。

　　白色的鸭也似有一点烦躁了，有不洁的颜色的都市的河沟里传出它们焦急的叫声。有的还未厌倦那船一样的徐徐的划行。有的却倒插它们的长颈在水里，红色的蹼趾伸在尾后，不停地扑击着水以支持身体的平衡。不知是在寻找沟底的细微的食物，还是贪那深深的水里的寒冷。

有几个已上岸了，在柳树下来回地作绅士的散步，舒息划行的疲劳。然后参差地站着，用嘴细细地梳理它们遍体白色的羽毛，间或又摇动身子或扑展着阔翅，使那缀在羽毛间的水珠坠落。一个已修饰完毕的，弯曲它的颈到背上，长长的红嘴藏没在翅膀里，静静合上它白色的茸毛间的小黑睛，仿佛准备睡眠。可怜的小动物，你就是这样做你的梦吗？

我想起故乡放雏鸭的人了。一大群鹅黄色的雏鸭游牧在溪流间。清浅的水，两岸青青的草，一根长长的竹竿在牧人的手里。他的小队伍是多么欢欣地发出啁啾声，又多么驯服地随着他的竿头越过一个田野又一个山坡！夜来了，帐幕似的竹篷撑在地上，就是他的家。但这是怎样辽远的想象呵！在这多尘土的国土里，我仅只希望听见一点树叶上的雨声。一点雨声的幽凉滴到我憔悴的梦，也许会长成一树圆圆的绿荫来覆荫我自己。

我仰起头。天空低垂如灰色的雾幕，落下一些寒冷的碎屑到我脸上。一只远来的鹰隼（sǔn）仿佛带着怒愤，对这沉重的天色的怒愤，平张的双翅不动地从天空斜插下，几乎触到河沟对岸的土阜，而又鼓扑着双翅，作出猛烈的声响腾上了。那样巨大的翅使我惊异。我看见了它两肋间斑白的羽毛。

　　接着听见了它有力的鸣声，如同一个巨大的心的呼号，或是在黑暗里寻找伴侣的叫唤。

　　然而雨还是没有来。

◎ 伴我朗读

　　《雨前》写于1933年。当时，民族危急深重，政治气候低沉。本文通过对雨前的各种自然景物的描写，寓情于景，抒发了在密云不雨的气候下种种复杂的感情。对南方故乡的雨的怀想，写得生机勃勃，与北方的天候、景物形成鲜明对照，既是借乡愁慰藉自己，也寄寓着作者对美好理想的深情向往。而希望"一点雨声的幽凉滴到我憔悴的梦，也许会长成一树圆圆的绿荫来覆荫我自己"，也正是尚未走上革命道路的知识分子在黑暗社会中的一种心态。

65. 江南的冬景（节选）

郁达夫

　　江南的地质丰腴而润泽，所以含得住热气，养得住植物；因而长江一带，芦花可以到冬至而不败，红叶也有时候会保持得三个月以上的生命。像钱塘江两岸的乌桕树，则红叶落后，还有雪白的桕子着在枝头，一点一丛，用照相机照将出来，可以乱梅花之真。草色顶多成了赭（zhě）色，根边总带点绿意，非但野火烧不尽，就是寒风也吹不倒的。若遇到风和日暖的午后，你一个人肯上冬郊去走走，则青天碧落之下，你不但感不到岁时的肃杀，并且还可以饱觉着一种莫名其妙的含蓄在那里的生气；"若是冬天来了，春天也总马上会来"的诗人的名句，只有在江南的山野里，最容易体会得出。

　　说起了寒郊的散步，实在是江南的冬日，所给予江南居住者的一种特异的恩惠；在北方的冰天雪地里生长的人，是终他的一生，也绝不会有享受这一种清福的机会的……

　　江南河港交流，且又地滨大海，湖沼特多，故空气里时含水分；到得冬天，不时也会下着微雨，而这微雨寒村里的冬霖景象，又是一种说不出的悠闲境界。你试想想，秋收过后，河流边三五家人家会聚在一道的一个小村子里，门对长桥，窗临远阜，这中间又多是树枝槎桠（chá yā）的杂木树林；在这一幅冬日农村的图上，再洒上一层细得同粉也似的白雨，加上一层淡得几不成墨的背景，你说还够不够悠闲？若再要点景致进去，则门前可以泊一只乌篷小船，茅屋里可以添几个喧哗的酒客，天垂暮了，还可以加一味红黄，在茅屋窗中画上一圈暗示着灯光的月晕。人到了这一个境界，自然会得胸襟洒脱起来，终至于得失俱亡，死生不问了。我们总该还记得唐朝那位诗人做的"暮雨潇潇江上村"的一首绝句罢？诗人到此，连对绿（lù）林豪客都客气起来了，这不是江南冬景的迷人又是什么？

　　一提到雨，也就必然地要想到雪："晚来天欲雪，能饮一杯无？"自然是江南日暮的雪景。"寒沙梅影路，微雪酒香村"，则雪月梅的冬宵三友，会合在一道，在调戏酒姑娘了。"柴门闻犬吠，风雪夜归人"，是江南雪夜，更深人静后的景况。"前村深雪里，昨夜一枝开"，又到了第二天的早晨，和狗一样喜欢弄雪的村童来报告村景了。诗人的诗句，也许不尽是在江南所写，而做这几句诗的诗人，也许不尽是江南人，但假了这几句诗来描写江南的雪景，岂不直截了当，比我这一枝愚劣的笔所写的散文更美丽得多？

◎ 伴我朗读

　　本文从不同角度描画了江南的冬景，表达了作者对江南冬景的钟爱。作者文笔如行云流水，卷舒自如，又大量引用前人诗句，为文章增添了几分文人气息和古典韵味。

第十四周 外国诗歌（二）

66. 致恰阿达耶夫（节选）

〔俄〕普希金

爱情、希望、平静的光荣

并不能长久地把我们欺诳，

就是青春的欢乐，

也已经像梦、像朝雾一样消亡；

但我们的内心还燃烧着愿望，

在残暴的政权的重压之下，

我们正怀着焦急的心情

在倾听祖国的召唤。

我们忍受着期望的折磨，

等候那神圣的自由时光，

正像一个年轻的恋人

在等待那真诚的约会一样。

现在我们的内心还燃烧着自由之火，

现在我们为了荣誉献身的心还没有死亡，

我的朋友，我们要把我们心灵的
美好的激情，都呈献给我们的祖邦！
同志，相信吧：迷人的幸福的星辰
就要上升，射出光芒！

（戈宝权　译）

◎ 伴我朗读

　　《致恰阿达耶夫》写于1818年，其时诗人年仅19岁。恰阿达耶夫是普希金的好友，是一位进步的贵族知识分子，反对沙皇暴政，对普希金影响很深。在这首赠诗中，诗人极鲜明地表达了俄国贵族革命家追求自由的热切希望、炽热的爱国激情和对神圣自由的必胜信念。这首诗字里行间洋溢着青春的朝气，跳动着一颗火热的心，感情真挚动人，具有很强的感染力。

67. 在初秋的日子里

〔俄〕丘特切夫

在初秋的日子里，
有一段短暂而奇妙的时光——
白昼像水晶般透明，
黄昏更是灿烂辉煌……

方才镰刀踊跃，谷穗倒卧，
而今极目四望一片空阔，
唯有那纤细的蜘蛛丝
在空闲的犁沟上闪烁。

空气更空旷，鸟声已绝灭，
但还未感风雪临近的威胁，

只有一片纯净温暖的蔚蓝

向正在休息的田野倾泻……

（飞白　译）

◎ 伴我朗读

　　丘特切夫的诗以歌咏自然见长，本诗即是其代表作之一。这是一首纯美的秋田之歌。这种纯美主要是通过劳作后与冬天风暴来临前这一短暂的休憩时光，以及对这时光中的宁静的渲染来表现的。诗人凭借细致精确的观察和充满灵性的诗笔，写出了初秋的空旷、闲适、轻灵、纯净、安详之美，这其中既有视觉可感、真实细腻的自然美，也有心灵方能感受到的纯粹的抽象美。

68. 迟到的散步

〔美〕罗伯特·弗罗斯特

当我沿路穿过收获的田野,
那些被收割后没了头颅的庄稼,
平坦地躺着,好像露水打湿了茅草屋顶,
几乎遮没花园里的小径。

当我来到花园中的空地,
肃穆的鸟的呼呼声
从枯草的混乱之上传来
要比任何话语都悲伤。

在墙的一边,一棵树赤裸地站立,
只有一片逗留的叶子仍然保持着褐色,
我不怀疑它受到我的思索的打扰,
轻轻地飘落,伴随着簌簌的声音。

在不远的地方,我停了下来

拣一片最后的紫苑花

把它褪色的蓝

再一次带到你的面前。

(薛舟 译)

伴我朗读

弗罗斯特的诗多从乡村田园中取材,但并不是对自然景物的简单记录,而是从中反映他与大自然的对话与默契,即通过自然来表达一种象征意义和深刻的哲思。本诗中被收割的庄稼、悲伤的鸟鸣、枯草、赤裸的树、最后的褪色的紫苑花等,既是诗人因"迟到"所见所闻的自然景象,又是富有象征意义的诗歌意象。而末句的"你",更引起读者的无限遐想。

69. 猫与月

〔爱尔兰〕叶 芝

那猫儿这儿走走，那儿走走，

那月亮像陀螺旋转，

匍匐的猫，抬头仰望，

它是月亮最近的亲眷。

黑色的敏纳娄什凝望月亮，

因为，它随意漫游啼叫时，

天空中那纯净冰冷的光

搅扰着它那兽性的血气。

敏纳娄什在草丛中奔跑，

高抬它那纤巧的爪子。

跳舞吗，敏纳娄什，跳舞吗？

当两个近亲相逢时，

有什么比相邀共舞更好？

也许月亮厌倦了那

宫廷时尚，可以学习

一种新的舞步转法。

敏纳娄什在草丛中潜行，

从一处到另一处月照的地方；

头顶上的圣洁的月亮

已变换了新的形象。

敏纳娄什可知道，它的瞳仁

会时时不断地变幻，

从圆渐渐到缺，

从缺渐渐到圆？

敏纳娄什独自在草丛中

潜行，自负而聪明，

朝那变化着的月亮抬起

它变化着的眼睛。

（傅浩　译）

◎ 伴我朗读

　　这首诗大约是诗人参加朋友茅德·冈在家举办的一次晚宴后写下的。诗中的月亮喻指茅德·冈，猫是指茅德·冈养的一只名叫"敏纳娄什"的小猫。诗人通过塑造在月光下玩耍的小猫的可爱形象来抒情，使得诗意既生动活泼，又含蓄蕴藉，具有一种独特的朦胧美。

70. 西风颂（节选）

〔英〕雪　莱

像你以森林演奏，请也以我为琴，
哪怕我的叶片也像森林一样凋谢！
你那非凡和谐的慷慨激越之情，

定能从森林和我同奏出深沉的秋乐，
悲怆却又甘冽。但愿你勇猛的精灵
竟是我的魂魄，我能成为剽悍的你！

请将我枯萎的思绪播送宇宙，
就像你驱遣落叶催促新的生命，
请凭借我这韵文写就的符咒，

就像从未灭的余烬飏出炉灰和火星，
把我的话语传遍天地间万户千家，

通过我的嘴唇,向沉睡未醒的人境,

让预言的号角奏鸣!哦,风啊,

如果冬天来了,春天还会远吗?

(江枫　译)

◎ 伴我朗读

　　《西风颂》是诗人"骄傲、轻捷而不驯的灵魂"的自白,是时代精神的写照。全诗共五节,这里选的是第五节。诗人挥动如椽大笔,一气呵成,表达了投身革命的热望以及预言革命必将胜利的乐观信念。西风在此喻指革命精神,森林指人民大众。诗分两部分,前两段用西风"以森林演奏"比喻摧枯拉朽的革命风潮,诗人渴望加入其中,同人民大众一起奏响时代的最强音。后三段诗人号召大众行动起来,并预言革命必将胜利。这是生命的摇滚乐,是心灵的狂舞曲。诗歌的最后一句,同高尔基的"让暴风雨来得更猛烈些吧"一样,成为世人皆知的革命诗句。

附 录

朗读资料卡

3. 鹊踏枝

冯延巳（903—960）：五代南唐著名词人。字正中，广陵（今江苏扬州）人。他的词多写闲情逸致或男女离情，文人气息很浓，对北宋初期的词人有比较大的影响。有词集《阳春集》传世。

8. 寄黄几复

黄庭坚（1045—1105）：北宋著名文学家、书法家。字鲁直，号山谷道人，洪州分宁（今江西修水）人。他是江西诗派的开山之祖。与苏轼齐名，世称"苏黄"。有《山谷集》。

12. 登大雷岸与妹书（节选）

鲍照（约414—466）：南朝宋文学家。字明远，东海（郡治今山东郯城北）人。其诗风格俊逸，对唐诗人李白、岑参等颇有影响。鲍照亦擅赋及骈文，有《鲍参军集》。

14. 鸣机夜课图记（节选）

蒋士铨（1725—1785）：清代戏曲家、文学家。字心馀、清容、苕生，号藏园，晚号定甫。精通戏曲，工诗文，诗与袁枚、赵翼合称"江右三大家"。

16.两个扫雪的人

周作人（1885—1967）：中国现代著名散文家、文学理论家、翻译家、诗人。浙江绍兴人。其散文作品题材广泛、风格冲淡平和，在现代文学史上具有重要影响。著有散文集《自己的园地》《雨天的书》等。

25.鱼化石

艾青（1910—1996）：著名诗人。原名蒋海澄，浙江金华人。其诗作努力反映民族、大众的苦难和命运，反映现实的生活和斗争，风格朴素雄浑。著有诗集《大堰河》《向太阳》等。

30.书（节选）

朱湘（1904—1933）：中国现代著名诗人、散文家。字子沅，安徽太湖人。诗风清峻幽婉，哀伤沉郁。著有诗集《草莽集》《石门集》及散文集《中书集》等。

33.春天是一点一点化开的

迟子建（1964—）：中国当代著名作家。代表作有小说《伪满洲国》、散文随笔集《伤怀之美》等。作品荣获"鲁迅文学奖""冰心散文奖""茅盾文学奖"等多种重要奖项。

39．孔夫子的箴言

席勒（1759—1805）：德国18世纪著名诗人、作家，著名的"狂飙突进运动"的代表人物，也被公认为德国文学史上最伟大的作家之一。代表作有《希腊的群神》《欢乐颂》等。

43．蝶恋花

周邦彦（1056—1121）：北宋词人。字美成，号清真居士，钱塘（今浙江杭州）人。作品多写闺情、羁旅，也有咏物之作；格律谨严，语言典丽精雅，为后来格律派词人所宗。有《片玉词》。

46．马　嵬

袁枚（1716—1797）：清代诗人、散文家。字子才，号简斋、随园老人。钱塘（今浙江杭州）人。诗以新颖灵巧见长，多写闲情逸致，亦不乏锋芒毕露的讽刺之作。有《小仓山房诗集》《随园诗话》等。

55．陶庵梦忆自序（节选）

张岱（1597—1679）：明末清初文学家。字宗子、石公，号陶庵，浙江山阴（今绍兴）人。文笔清新，多写山水景物、日常琐事，部分作品表现出明亡后的怀旧感伤情绪。有《陶庵梦忆》《西湖梦寻》等。

60.十二月十九夜

废名（1901—1967）：现代著名小说家、诗人、散文家。原名冯文炳，湖北黄梅人。其作品在文学史上独树一帜，被视为"京派文学"的鼻祖。代表作有小说《桥》、散文《五祖寺》等。

64.雨 前

何其芳（1912—1977）：著名诗人、文学评论家。四川万县（今属重庆）人。早期作品风格精致，表现青年人的忧郁情思及其对生活的憧憬；后期文风渐趋明朗，诗作充满革命热情。著有诗集《预言》、散文集《画梦录》等。

68.迟到的散步

罗伯特·弗罗斯特（1874—1963）：20世纪最重要的美国诗人之一，被誉为"桂冠诗人"。代表作有《一棵作证的树》《未选择的路》等。

70.西风颂（节选）

雪莱（1792—1822）：英国浪漫主义诗人、小说家、哲学家、散文家、改革家，柏拉图主义者和理想主义者，受空想社会主义思想影响颇深。代表作有《西风颂》《致云雀》等。

因本书涉及作者、译者较多，且时间仓促，尚有部分作者、译者未能与其本人或亲属取得联系，恳请有关作品版权所有者见书后，与山东城市出版传媒集团·汉唐书局有限责任公司（0531—86131747、82709072）取得联系，以便我们及时奉上稿酬及样书。